그리스도
안에서
성장하기

Growing in Christ
by Paul Wells

Copyright ⓒ 2022 Paul Wells
Originally published in English by Christian Focus Publications Ltd,
Geanies House, Fearn, Ross-shire, IV20 1TW, UK.
www.christianfocus.com
All rights reserved.

This Korean edition copyright ⓒ 2024 by Word of Life Press, Seoul, Korea.
Translated and published by permission.

그리스도 안에서 성장하기

ⓒ 생명의말씀사 2024

2024년 10월 24일 1판 1쇄 발행

펴낸이 | 김창영
펴낸곳 | 생명의말씀사

등록 | 1962. 1. 10. No.300-1962-1
주소 | 서울시 종로구 경희궁1길 6 (03176)
전화 | 02)738-6555(본사) · 02)3159-7979(영업)
팩스 | 02)739-3824(본사) · 080-022-8585(영업)

기획편집 | 정설아
디자인 | 김혜진
인쇄 | 예원프린팅
제본 | 다온바인텍

ISBN 978-89-04-16899-6 (03230)

저작권자의 허락 없이 이 책의 일부 또는 전체를
무단 복제, 전재, 발췌하면 저작권법에 의해 처벌을 받습니다.

그리스도
안에서
성장하기

폴 웰스 지음 | 오현미 옮김

GROWING IN CHRIST

영적 성장의 다섯 가지 단계

"우리 주 곧 구주 예수 그리스도의 은혜와
그를 아는 지식에서 자라 가라"(벧후 3:18).

생명의말씀사

추천의 글

이 시대 성도들이 직면한 큰 문제는 영적으로 성장하지 못하는 것이고, 이 성장에 대해 교회는 너무나도 미온적이라는 것이다. 만약 아이가 태어나서 성장하지 못한다면, 그것은 그 가정과 개인에게 너무나도 끔찍한 일이다. 그런데 교회 안에 지금 이러한 일이 일어나고 있다. 영적 성장은 모든 교인에게 필수적이다. 하지만 많은 교인이 영적 성장에 관심이 없고, 배워 보지도 못했다. 이 책을 정독하면 어떻게 성도가 영적으로 성장하는지 성경적 체계를 가지고 배우게 될 것이며, 열매까지 맺는 영적 성장을 체험하게 될 것이다.

이정현 ㅣ 청암교회 담임목사, 개신대학원대학교 겸임교수

구원받은 사람은 그리스도 안에서 성장한다. 참된 기독교 신앙은 단순히 나이 들어 가지 않는다. 그리스도 안에서 지속해서 성장해 간다. 세상의 수많은 이론을 기독교화시켜 복음을 실용적 처세술로 변질시키는 왜곡된 문화 가운데 폴 웰스는 그리스도인의 참된 삶의 방식은 오직 그리스도 안에 있다는 성경의 진리를 명쾌하게 제시하고 있다. 하나님이 복음을 그리스도 안에서 우리에게 심으셨고, 뿌리 내리고 자라게 하시며, 결국 열매 맺게 하신다. 이 책을 읽는 동안 독자는 그리스도 안에 있는 우리를 향한 하나님의 사랑이 얼마나 큰지, 그분께서 그리스도 안에서 우리의 성장을 얼마나 기대하시는지, 더 나아가 우리를 통해 그리스도 안에서 빛나는 하나님 나라의 영광을 얼마나 보기를 원하시는지 깨닫게 될 것이다. 많은 성도가 이 책을 통해 그리스도를 더욱 깊이 경험하고, 그리스도의 분량까지 자라 가는 은혜의 역사가 있기를 소망한다.

김규보 ㅣ 총신대학교 상담대학원 교수, 『트라우마는 어떻게 치유되는가』 저자

성경에는 그리스도 안에서 성장을 추구하기를 권면하거나 심지어 명령하는 구절이 300개가 넘는다. 진짜 그리스도인이라면(그리고 다시 죄에 빠져들지 않는다면) 그리스도 안에서의 성장이 자기 삶에서 매우 중요하고, 없어서는 안 되고, 마음이 끌리는 부르심이라는 것을 잘 알 것이다. 폴 웰스의 이 책은 이 주제에 관한 간결하고, 유익하고, 성경적이고, 신학적이고, 실천적인 책으로서, 하나님의 심으심, 뿌리 내리기, 자라기, 성숙, 열매 맺기라는 다섯 가지 성경적 단계를 통해 성장을 경험한다는 내용을 상세히 다루고 있다. 성령님의 은혜로 이 책은 우리의 놀라우신 구주 안에서 당신을 교훈하고, 세우며, 성숙하게 할 것이고, 그리하여 구주의 영광을 위해 열매를 맺게 해 줄 것이다.

조엘 R. 비키 ǀ 퓨리턴리폼드신학교 총장(미시간주 그랜드래피즈)

폴 웰스는 확신과 명료성, 세심함과 연민, 솔직한 애정과 생생한 필치로 글을 쓴다. 그는 영적 성장과 성숙에 대해 단순하게 말하지 않고, 가르치고 타이르고 방향을 지시하면서 성장과 성숙을 향해 가라고 열심히 권한다. 이 책은 얄팍하게 '~하는 법'을 가르치는 설명서가 아니며, 분별없이 영적 자기 계발을 논하는 책도 아니다. 이 책은 진지한 그리스도인을 위한 교과서로, 하나님의 말씀을 발의 등이요, 길의 빛 삼아 통찰력과 교훈을 조화시킨 책이다. 그리스도를 더욱 닮아 가는 일에 전념하는 사람, 다른 사람의 성장을 돕고자 하는 사람에게 이 책은 정말로 유익한 자료가 될 것이다.

제레미 워커 ǀ 메이든바우어 침례교회 목사(영국 크롤리)

나는 폴 웰스에게서 영적 성장의 두 가지 본질적 측면인 은혜와 지식이 구체적으로 표현되는 것을 보았다. 이 책에서 도움을 얻을 뿐만 아니라 그리스도 안에서의 성장을 경험하는 이들이 많기를 바란다.
호세 데 세고비아 | 교사, 저널리스트, 신학자(스페인 마드리드)

평생 성경의 진리를 수호해 온 사람이 집필한 이 책은 탄탄한 신학을 무시한 채 영적 성장이 가능하다고 생각하는 사람들에게 건전한 교정책(矯正策)을 제공한다.
제임스 헬리 허친슨 | 브뤼셀 성경 연구소 소장

이 책은 독자들이 더 많은 것을 갈망하도록 용기를 북돋아 주는, 성경과 신학의 잔치다. 당신이 그리스도인의 여정 어느 단계에 있든, 이 직접적이고 실천적이고 유쾌한 안내서는 영혼에 풍성한 자양분을 제공할 것이다. 나는 그리스도인의 성숙에 관한 폴 웰스의 이 깊이 있는 연구서를 앞으로도 자주 펼쳐 볼 것이다.
피터 A. 릴백 | 웨스트민스터신학교 총장(펜실베이니아주 필라델피아)

폴 웰스는 그 자신이 성경에 깊이 뿌리 내리고 있다. 그러므로 이 책을 읽는다는 것은 그런 그에게서 유익을 얻는 것이다. 여기, 그리스도인으로서 성장하라고 하는 성경의 강력한 부름이 있다. 좋은 땅에 심기는 것에서부터 좋은 열매를 많이 맺기에 이르기까지 성경이 그려 보이는 생생한 그림으로 구체화한 부름이다. 우리는 자기 외부의 어떤 진리에 대해서든 의문을 품으라고 부추기는 세상에 살고 있다. 그런 우리에게는 주 예수님의 은혜와 그를 아는 지식에서 자라가야 할 우리의 참 소명을 이렇게 긴박하고도 힘이 되게 일깨워 주는 목소리가 필요하다.

캐슬린 닐슨 ǀ 저술가, 강연가

교회 안에서도 실용적 사고방식이 두드러지고 손쉬운 진보 방법을 찾으려 하는 우리 문화에서 기독교의 제자도는 이해해야 할 기술이나 전달해야 할 프로그램으로 전락할 위험에 처해 있다. 폴 웰스는 그리스도 안에서 우리의 성장은 하나님의 말씀에 계시된 하나님의 기준에 따라 추구해야 한다고 설득력 있게 주장한다. 경험 많은 신학자와 함께 그리스도인의 성숙으로 이어지는 성경의 길을 탐구한다니, 이 얼마나 즐거운 일인가. 이 책은 개혁주의 신학이 성경의 풍요로움과 목회자로서의 따뜻함, 실천적 격려와 어우러지는 '칼뱅주의적' 책이다.

레오나르도 데 키리코 ǀ 로마 브레치아 교회 목사, 복음주의 훈련 및 문헌 연구소 역사 신학 강사(이탈리아 파도바), 레포르만다 이니셔티브 소장

CONTENTS

추천의 글 4
시작하는 글 그리스도인의 성장이 왜 중요한가? 11

01 _ 하나님의 심으심 영적 생명이 시작될 수 있도록 적절한 장소에 심기 31

태초에 시작하다 | 창조 표지 2 | 두 번째 기회 하나님 | 포도나무와 감람나무 | 구별에 강조점을 두다 | 예수님, 그리고 하나님의 새 백성 | 하나님의 새 언약 백성을 심기 | 시작에서 말씀과 영이 하는 역할 | 삶에서 죽음인가, 죽음에서 삶인가?

02 _ 뿌리 내리기 성경이 가르치는 하나님의 말씀에 뿌리 내리기 71

그리스도와 하나 됨 | 뿌리 내리기 | 상습 용의자 | 기독교의 가르침을 진지하게 받아들이기 | 성경의 가르침은 실제적이다 | 성경의 가르침과 신학 | 요한복음 3장 16절의 예 | 성경의 가르침은 하나님이 하시는 일에 관한 가르침이다 | 뿌리 내리기는 하나님을 아는 것에 관한 일이다 | 결론

03 _ 자라기 그리스도 안에서 견실하게 자라기　　117

점진적 발육 | 바울이 디모데를 지도하다 | 성경이 우리를 지도하다 | 큰 그림과 그 그림을 이루는 부분들 | 큰 그림 이해하기 | 하나님의 생각을 좇아 생각하기 | 한계를 인식하기 | 왜와 어떻게가 아니라 사실 자체 | 역설과 함께 살기 | 눈에 보이는 것으로써가 아니라 믿음으로 행하기 | 결론

04 _ 성숙 성령님의 역사를 통해 성숙하고 생명력을 얻기　　167

성숙에 기여하는 자질들 | 율법이 아니라 은혜 | 1. 생각이 중요하다 | 2. 생각을 새롭게 하기 | 3. 그리스도와 같은 생각 | 4. 죄에 맞서 계속 싸우기 | 결론

05 _ 열매 맺기 그리스도에게게로 자란 결과인 열매 맺기　　209

신자의 체험 | 왕이 추수하실 때가 분명히 온다 | 하나님의 영광을 위한 열매 | 소망 가운데 삶으로써 열매 맺기 | 위에서 아래로의 관점 | 결론

맺는글 격려에 담긴 교훈　253
부록　265

시작하는 글

그리스도인의 성장이 왜 중요한가?

주제 : 성경의 핵심 주제는 하나님의 임재가 사막을 동산으로 변화시킨다는 것이다. 세상과 하나님의 백성을 위한 큰 계획에 해당하는 사실은 개인의 삶에도 해당한다. 그리스도를 믿는 믿음은 적대적 세상에서 역경의 압박을 견뎌 내면서 성장하여 열매를 맺는다. 황무지에서의 번영은 "우리 주 곧 구주 예수 그리스도의 은혜와 그를 아는 지식에서 자람"으로써 이루어진다. 그리스도를 따르는 사람들이 성장하는 이유는, 자기가 누구를 믿는지, 무엇을 믿는지, 그리고 왜 믿는지를 알기 때문이다. 성경은 이런 기초적 사실들을 실례(實例)로 보여 주고, 핵심 이미지들을 사용해서 성장이 무엇인지 알려 준다. 또한 성경은 성장에 유리한 조건 및 그리스도에게까지 자라는 연속적 단계를 보여 준다.

그리스도인의 성장에 관해서는 많은 책이 나와 있고, 대개 아주 좋은 책들이다. 하지만 그 책 중 무작위로 한 권을 뽑아 든다면, 성경적 접근법보다는 신자로 사는 게 '어떤 기분인지'를 주로 다루는 일종의 기독교 자기 계발서일 가능성이 크다. 그래서 이 책에서는 어떤 방식으로 그리스도에게까지 자라야 하는지 성경을 바탕으로 제시하고자 한다.

혹시 최근 몇 년 사이 그리스도인들의 태도에서 어떤 변화를 느꼈는가? 아마 그랬을 것이다. 과거에 나쁘다 혹은 틀렸다고 생각되던 많은 일이 이제는 아무렇지 않게 받아들여진다. 사회 발전의 거대한 흐름이 변화의 고속도로에서 속도를 내고 있고, 신자들은 그 흐름에 끌려가고 있다. 전통적인 태도는 버려지고 새로운 규범이 일상이 된다. 기독교의 영향을 받은 과거의 도덕적 가치가 소멸하는 현상은 이제 거의 완료되었고, 우리는 새로운 가치가 규범이 되는 시대로 접어들고 있다.

이런 현상이 평범한 신자의 삶이나 교회 공동체에서 용인되는 일들에 영향을 끼치지 않는다고 생각하면 잘못일 것이다. 시류에 따르라는 압박은 점점 더 강해지고 있다. 그리스도인은 입 다물고 시류에 올라타든지, 타당한 이유를 갖고 저항하든지 해야 한다.

최근에는, 탈(脫)진리 시대에 신앙이 살아남으려면 개인의 감정과 기대에 중점을 두는 좀 더 느슨한 접근법을 채택해야 한다는 개념이 등장했다.

승자와 패자

이는 반드시 과거가 더 낫고 현재는 언제나 더 안 좋다는 말이 아니라, 적어도 지금 무슨 일이 벌어지고 있는지는 알고 있어야 한다는 뜻이다. 현재 오름세를 타고 있는 신념의 구장(球場)에서 가장 크게 패배하고 있는 것은 신앙의 **내용**이다. 신앙의 내용은 궁극적으로 다른 모든 것에 영향을 끼치는데, 우리는 정말 그 중요성을 깨닫고 있는가? 가르침, 교리, 신학, 또는 어떤 형태든 깊은 성찰로 불리던 것들이 이제 '머리로 아는 지식'으로 여겨져 밀려나고 있다. 그룹 성경 공부는 무질서하고 혼란스러운 토론의 장이 되어 버렸고, 때로는 무지의 집합체가 되기도 한다. 무언가 더 깊이 있는 것을 원하는 사람은 온라인 강좌를 듣거나 신학교에 가면 된다고 한다. 일반적인 교회 프로그램에서 교육과 제자 훈련은 우선순위에서 밀리고, 친숙하고 시의성 있는 프로그램이 인기가 높다. 하나님이 성경에서 뭐라고 말씀하시는지는 중요하지 않고, 우리가 자기 자신에 대해 어떻게 느끼느냐를 중요하게 여긴다.

내용의 가치가 이렇게 폄하되는 현상은 놀랍기만 하다. 무엇을 느끼느냐가 아니라 무엇을 생각하고 믿느냐가 그리스도인을 주변 사람들과 다르게 만든다는 사실과 별개로, 우리 시대는 정보 기술의 폭발적인 성장을 목격했다. '과학적 지식'은 의사 결정의 본질적 요소가 되었다. 지식은 교육 시스템과 전문 직업 훈련에서 수요가 높다. 부모들은 자녀가 최고가 되기를 원하며, 진행 상황 보고서 항목에 체크하면서 자녀가 얼마나 성장했는지를 측정한다. 성공으로 향하는 길에서 어려움을 뛰어넘기 위해서는 지식이 중요하다.

그렇다면 정상적인 그리스도인의 삶에서 우리는 지식과 성장에 대해 무엇을 기대하는가? 우리는 지식과 성장의 가치를 어떻게 평가하는가? 지식과 성장은 애써 볼 만한 가치가 있다고 여겨질 만큼 중요한가, 아니면 그저 엘리트주의자의 호사일 뿐인가? 만약 이것이 선택 사항이라면 어떻게 되는가? 전문직에 종사하는 사람들을 포함해서 많은 그리스도인이 신앙 이해에 관해 최소한의 공통분모로 인생의 어려움을 헤쳐 나가는 데 만족하는 것 같다. 이는 정말 놀라운 일이며, 그래서 이들이 그리스도인으로서의 자기 삶에서 무언가가 빠졌다고 말해도 이상하지 않다.

성장을 측정하기

이런 태도는 많은 신자에게 염려스러운 질문으로 귀결된다. 그리스도인으로 몇 년 살아 보고 나면 특히 더 그렇다. 중년의 위기가 발생해서 일상이 지루해지고, 눈에 띄는 발전은 없고, 기대가 어그러져서 맥이 빠질 때 문제는 심각해질 수 있다. 나는 그리스도인으로서 조금이라도 성장하고 있는가? 성장했는지 어떻게 측정할 수 있는가? 측정할 방법이 있는가?

이런 질문에 대해 모든 사람에게 줄 수 있는 한 가지 간단한 답변은 없으며, 안성맞춤의 답변도 없다. 왜냐하면 사람은 다 다르기 때문이다. 신자로서 우리는 성장 단계가 다 다르고, 시작 때부터 서로 다른 인생 경험을 가지고 시작했기 때문에 이 질문에 대한 답변에는 많은 요소가 연관된다. 하지만 세 가지 정도 의견을 말해 보는 게 적절할 것이다.

첫째, 성장이 무엇인지에 대해, 혹은 성장이 과연 중요한지에 대해서조차 단 한 번도 진지하게 생각해 본 적이 없는 그리스도인들이 많다. 하지만 성경에서 말하는 성장의 지표에 대한 최소한의 인식만 있어도 성장은 당연한 것으로 여겨질 것이다. 이 내용은 다음 장에서 소개하겠다.

둘째, 그리스도인의 삶을 갓 시작해서 갖가지 발견과 새로운 통찰들로 가득할 때는 자연히 성장 속도가 다소 빠르다. 우리 자신은 물론 주변 사람들에게도 달라진 점이 뚜렷이 보인다. 이후에는 성장이 지체되고 진전이 그다지 뚜렷하지 않다. 나는 미국에 있는 손자들을 일 년에 한 번씩 본다. 아이들은 얼마나 빨리 자라는지! 하지만 아이들은 나에게서는 큰 변화를 못 느낀다. 아이들의 눈에 나는 그저 나이 들어 가는 한 사내일 뿐이다!

마지막으로, 그리고 바로 이것 때문에 성장은 몇 주나 몇 달 단위가 아니라 일평생의 관점에서 측정된다. 우리는 자기 인생 여정을 돌아보면서 그때는 그렇게 엄청나 보였던 문제들이 지금은 그럭저럭 해결할 수 있는 것이 되었다고 생각한다. 또 과거에 위기가 닥쳤을 때 어떻게 대처했는지, 어디에서 잘못되었었는지, 그 일에서 어떻게 교훈을 얻었는지를 생각해 볼 수도 있다. 좀 더 구체적으로 말하자면, 과거의 실책들, 남들은 알지 못했던 그 은밀한 문제들을 극복할 수 있었던 것은 주님의 도움으로 해결법을 깨우친 덕분임을 이제는 알 수 있다는 것이다.

우리가 이런 식으로 과거를 점검하는 것은 수고했다고 우리 자신의 등을 두드려 주기 위해서가 아니다. 우리는 영적 성장에 감사하는 한편, 우리가 알아차릴 수 없는 방식으로 하나님의 은혜가 일하고 있었다는 것을 인식하고 겸손해야 한다. 게다가 우리는 자신의 불완전함을 붙들고 여전히 고투하고 있고, 목표 지점까지는 아직도 거리가 멀다. 사도 바울이 빌립보서 3장 12절에서 한 말은 우리에게도 더욱 사실이다. "내가 이미… 온전히 이루었다 함도 아니라 오직 내가 그리스도 예수께 잡힌 바 된 그것을 잡으려고 달려가노라."

우리가 피해야 할 것은 애초부터 패배주의자의 사고방식을 갖는 태도다. '달려가 봤자 할 수 있는 것은 아무것도 없어. 그게 나니까. 나란 존재는 그러니까.' 이렇게 유혹하는 목소리가 들린다. 그것이 우리의 태도라면, 우리에게는 성장의 수단이 끊어질 것이다. 마지막에 남는 것은 실의와 냉담함뿐일 것이며, 이는 결국 영적 우울로 이어질 것이다.

은혜와 지식

이 책은 구체적으로 그리스도 안에서 성장하기에 초점이 있으며, 교회 생활의 더 광범위한 쟁점이나 그것이 성화를 위해 갖는 중요성, 혹은 기도 실천의 문제는 접어 둔다. 그리스도 안에서 자라서 견고히 서기의 문제는 현재를 위해서든 미래의 삶을 위해서든 우리가 직면하는 가장 중요한 문제로 손꼽힌다.

성경적으로 말해서, 영적 성장의 두 가지 본질적 요소는 은혜와 지식이지, 감정이나 자아상 혹은 사역이나 프로그램이 아니다. 은혜와 지식은 성경을 하나님의 계시된 말씀으로 앎으로써, 그리고 하나님의 영으로써 태어나는 쌍둥이다. 은혜 없는 지식은 없고, 지식 없는 은혜도 없다. 하나님의 은혜는 그 은혜에 부응하여 지식이 깊어지게 하고, 깊어진 지식은 은혜의 경이(驚異)를 더 많이 알고자 하는 마음을 북돋는다. 지식이란 하나님에 **관한** 일들을 아는 것이 아니라 하나님 자체를, 하나님의 경이를, 하나님의 길과 하나님의 일의 위대함과 영광을 인격적으로 더 깊이 이해하는 것이다. 시편은 '하나님의 인자하심'이 일한다는 것을 거듭 언급하며, 이 인자하심은 하나님이 어떤 분인지를 찬양하게 만든다.[1]

신약성경의 네 복음서 서두에는 하나님의 구원 계획의 중심축이

---

1) 시 36:7-10, 89:1-2, 14.

제시되어 있다. 특히 요한복음에서는 주 예수님이 세상에 도착하시는 장면이 은혜와 지식의 관계를 보여 주는 분위기를 설정한다. 예수님은 은혜와 지식 두 가지 모두를 직접 구현하신다. 성육신하신 하나님의 아들이 "우리 가운데 거하시매… 은혜와 진리가 충만"했다. 변화산에서 성부의 말씀도 들은 증인인 사도 베드로는 "우리 주 곧 구주 예수 그리스도의 은혜와 그를 아는 지식에서 자라 가라"라고 신자들에게 권면한다.[2] 하나님을 아는 지식과 하나님의 은혜와 진리에 대한 인식이 성장과 견실함으로 가는 길이다. 성숙은 "온갖 교훈의 풍조"에 요동하는 것과 반대 개념이다.[3] 그리스도인은 당대의 풍토를 알 수 있는 지표가 아니다. 그리스도인에게는 하나님의 계시된 말씀으로 설정한 온도 조절 장치가 있다.

아이들이 기대만큼 성장하지 않으면 비극 아닌가? 상당 기간 그리스도인으로 살아온 사람들이 성장에 무관심하거나 성장의 징후를 전혀 보이지 않는 것도 이에 비교할 만한 비극이다. 많은 사람이 첫 번째 실제 시험에 부딪혔을 때 좌절하는 것은 은혜와 지식이 이들의 삶에 거의 영향을 끼치지 않았기 때문 아닌가? 최신 종교적 유행을 따름으로써 일관성이 부족한 모습을 보이거나 세상의 일들이 자신의 견해를 형성하고 있다는 사실을 인식하지 못하는 경우도 마찬가지 아닌가?

---

[2] 요 1:14, 벧후 3:18.
[3] 요 1:14, 17, 벧후 1:18, 3:18, 엡 4:14.

스스로 그리스도인이라 여기지만 자기도 모르는 사이 사실은 포도나무에서 죽은 상태로 있어서, 그리스도 안에서 성장하여 열매를 맺지 못할 위험이 있다. 은혜와 지식이 짝을 이루어 어떤 실제적이거나 실질적인 영향을 끼치지 못하는 것이다. 사람들이 별 변화의 징후 없이 매주 설교 듣는 횟수만 채우며 살아간다는 것은 비극적인 일이다. 변화하는 모습이 없으면 결국 믿음의 실체와 그 실질적 유용성에 의문을 품게 된다. 사람들은 미지근하고 무관심해지거나, 이 교회 저 교회 돌아다니는 사람이 된다. 아마 이들은 결국 교회를 아예 떠날 것이다.

신약성경을 겉핥기식으로만 읽어 보더라도 성장 개념이 얼마나 중요한지 알 수 있다. 예수님의 상징과도 같은 비유 중에 '씨 뿌리는 자의 비유'가 있는데, 씨가 어떻게 자라는지에 관한 이 비유가 성장 개념의 기조를 설정한다. 이 비유는 하나님 나라의 영적 현실 및 그 현실이 세상으로 들어오는 방식에 관한 이야기다. 씨앗 하나가 땅에 떨어지는 하찮은 시작에서 많은 열매가 생산된다. 그리스도 나라의 예기치 못한 기적은, 이 나라가 거의 무(無)에서 시작해 경이로운 결과로 이어진다는 것이다.

그 결과는 우리가 정당하게 기대할 수 있는 결과이기도 하다.

성경에서 성장을 나타내는 이미지들

성경 시대의 농경 문화는 영적 성장에 관한 의미 있는 가르침의 풍성한 배경이 되어 주었다. 포도나무, 감람나무, 무화과나무는 하나님의 백성으로서의 이스라엘을 가리키는 상징으로 쓰였다.

개인적 성장과 관련된 성경의 몇 가지 이미지들은 씨뿌리기, 작물을 심기 좋은 땅, 꽃 피우고 열매 맺는 나무를 언급한다. 이와 대조적으로, 바람직하지 않은 환경은 뿌린 만큼도 거두지 못하는 결과로 이어진다. 예레미야 선지자는 대중을 흡족하게 하는 사람이 아니었다. 유대의 불신자들은 초강대국들과 손을 잡으면 도움을 받을 수 있을 거라고 믿고 하나님에게 등을 돌렸다. 이들은 "사막의 떨기나무 같아서 좋은 일이 오는 것을 보지 못하고 광야 간조한 곳, 건건한 땅, 사람이 살지 않는 땅에 살"았다.[4]

예수님은 자기의 죽음 직전 중요한 순간을 골라서, "열매를 많이 맺"기 위해 "참 포도나무"인 "내 안에 거하"는 것에 관해 제자들을 가르치셨다. 그리고 예수님은 이렇게 덧붙이셨다.

> 너희가 내 안에 거하고 내 말이 너희 안에 거하면 무엇이든지 원하는 대로 구하라 그리하면 이루리라 너희가 열매를 많이

---

[4] 렘 17:5-6. 참고, 겔 17:1-10.

> 맺으면 내 아버지께서 영광을 받으실 것이요 너희는 내 제자
> 가 되리라.[5]

    이는 좀 주목할 만한 말씀이다. 신자들은 **열매를 맺기 위해** "무엇이든지 원하는 대로" 하나님께 구함으로써 자신들을 참 제자로 입증한다. 이는 생명을 주는 예수님의 말씀의 임재와 능력이 낳는 결과다. 성부는 아들의 말씀이 우리 안에 거하고 그 결과 우리가 성부를 믿게 될 때 영광 받으신다. 우리는 원하는 행위에 의해, 우리가 원하는 모든 것을 하나님에게서 받는다. 그렇다면 우리는 무엇을 구해야 할까? 새 자동차나 휴가철 외국 여행같이 아무것이나 구하지 말고 말씀을 통해 그리스도 안에서 성장하기를 구해야 하며, 그리하여 우리가 참 제자라는 확신을 꽃피워야 한다.

    신약성경에서 우리는 또 다른 예를 몇 차례 만난다. 아이들은 젖을 먹다가 단단한 음식을 먹게 될 때 성숙하게 자란다.[6] 고린도전서 13장 8-12절에서 사도 바울은 유한한 시간에서 영원에 이르는 신자의 순례 여정에서 사랑의 중심성을 강조했다. 바울은 현재와 미래 사이의 연속성과 차이를 설명하기 위해 아이가 아는 것과 성인이 아는 것을 대조했다. 아이와 성인 모두 동일한 현실을 알지만, 성인의 인식은 아이의 인식보다 깊이가 있다. 아이는 부모가 날마다 일하러

---

5) 요 15:7-8.
6) 고전 3:2, 벧전 2:2-3, 히 5:12-13.

간다는 것은 알고 있지만, 일터에서 부모가 실제로 무엇을 하는지는 거의 알지 못한다. 그리스도인의 삶은 이생에서는 그리스도 안에서 잘 살며 생명을 누리고, 이어서 영원에서는 성인으로 성장하는 것이 중요하다.

'~하는 법'이라는 책이 범람하는 시대에 사는 우리로서는 신약성경에 그리스도인의 성장에 관한 '자기 계발' 서신이 하나도 없다는 게 놀랍게 여겨진다. 장 칼뱅의 『기독교강요』에 있는(III:6-10) '그리스도인의 삶에 관한 황금서'(golden book of the Christian life) 같은 것을 성경에서는 왜 찾아볼 수 없을까? 여러 가지 이유가 있지만, 가장 중요한 이유는 아마 신약성경이 우리의 필요나 우리의 행위에 관한 책이 아니라 주로 하나님이 우리를 위해, 그리고 하나님의 영광을 위해 은혜로이 행하신 일에 관한 책이기 때문일 것이다. 하나님의 은혜 이야기와 어우러진 우리 삶을 볼 때 우리는 우리 자신을 신자로 알게 되며, 그와 동시에 우리가 무엇을 목표로 할 수 있는지를 알게 된다. 그리스도 이야기, 즉 그리스도의 삶·죽음·부활·승천·다스림, 그리고 영광 중에 다시 오셔서 새 창조 세계를 이루시는 이야기에 비추어 우리의 이야기를 볼 때 '이것이 너의 인생'이라는 말이 의미를 갖게 된다.

간혹 그동안 이해되지 않던 것이 마침내 이해되는 순간이 있다. 그리스도는 내 운명이시고 내 모든 삶은 처음부터 그분 안에 감싸여 있다는 것은 물론, 그리스도가 누구이시고 어떤 일을 하셨는지가 이해되는 것이다.[7] 그리스도인의 성장에서 중요한 것은 날마다, 해마다 그리스도 안에서 살며 그분에게로 자라 가는 것이다. 그리스도께서 "잘했다. 이제 이곳으로 올라와 나와 함께 있을 때가 되었다."라고 말씀하실 때까지 말이다.

성장의 조건

자연 영역에서 성장은 신비에 속하는 일이다. 나무 두 그루가 나란히 서 있는데, 한 그루는 잘 자라지만 한 그루는 잘 자라지 못한다.

산상설교 끝부분의 비유에서 예수님이 집 두 채를 설명하신 것을 생각해 보라. 두 집은 똑같아 보이고, 견고하게 지어진 것처럼 보인다. 악천후가 그중 한 채를 무너뜨리기 전까지는 말이다. 이 집이 무너지는 이유는 눈에 보이지 않는 잘못 때문이다. 즉, 토대가 튼튼하지 않았다. 모래는 안정성을 제공하지 않는다.[8]

그래서 영적 성장은 결과가 보장되는 어떤 방법, 열두 단계 프로그램 같은 것이 될 수 없다. 성장에 관해 생각해 보기·분석하기·성장 세미나 등이 도움이 될 수는 있겠으나, 이런 것들이 자동으로 개인의 성장을 진척시키지는 않는다. 성장은, 조건이 맞을 때 그리

---
7) 참고, 엡 1:4-15. 이 본문에서 "그리스도 안에서"라는 말이 거듭 언급된다는 점에 주목하라.
8) 마 7:24-27.

스도 안에서 자연스럽게 이루어지는 일이다. 영적 생명력은 그리스도와 인격적으로 활기차게 동행하는 것이다. 정원을 가꾸는 사람이라면 누구나 알 듯, 식물이 성장하려면 올바른 조건에서 섬세히 관리하고 경작해야 한다.

그렇다면, 영적 성장의 조건은 어떻게 설명할 수 있을까? 비교가 도움이 될 수 있다. 광합성은 식물에서 볼 수 있는 화학 반응으로, 아마 학창 시절에 들어 보았을 것이다. 빛, 이산화탄소, 물은 식물의 생명과 성장에 꼭 필요한 조건이다. 이산화탄소가 잎사귀 뒷면으로 흡수되고, 물은 뿌리를 통해 흡수되며, 햇빛을 받은 식물은 공기 중에 산소를 방출하고 성장에 필요한 포도당을 만든다.

빛, 물, 공기는 식물 성장에 없어서는 안 된다. 어두운 곳에 식물을 심거나 물을 너무 많이 주면 그 식물은 죽는다. 영적 영역의 성장에도 중요한 요소들이 있다. 올바른 조건은 그리스도 안에서 번영하는 삶에 꼭 필요하다.

생명과 성장을 위한 성경적 조건에는 몇 가지 요소들이 포함된다. 먼저, 좋은 토양에 뿌리를 내려야 하고 빛에 노출되는 등 환경이 좋아야 한다. 그러면 식물은 힘차게 성숙해 나간다. 그리고 마침내 열매가 보이기 시작한다. 영적 성장은 이런 식으로 보는 게 유익한데, 왜냐하면 이것이 성경적이기 때문이다. 시편 92편 12-15절에서는 이 광경을 붓질 몇 번으로 그려 보인다. 핵심 단어는 굵게 강조했다.

> 의인은 종려나무같이 **번성하며** 레바논의 백향목같이 **성장하리로다** 이는 여호와의 집에 **심겼음이여** 우리 하나님의 뜰 안에서 **번성하리로다** 그는 늙어도 여전히 **결실하며** 진액이 풍족하고 빛이 청청하니 여호와의 정직하심과 나의 바위 되심과 그에게는 불의가 없음이 선포되리로다.[9]

여기서 우리는 기본 원리에 이르게 된다. 성장 과정은 올바른 조건을 제공하는 다섯 가지 요소로 묘사되는데, 그 다섯 요소는 심기, 번성하기, 성장하기, 생명력으로 가득하기, 열매 맺기다. 이 요소들은 그리스도인의 삶과 이 땅에서의 여정 전반에 걸쳐 그 삶을 어떻게 살아가야 하는지에 모두 적용된다.

바울은 이교도의 땅 고린도의 신자들에게 보내는 편지에서 시편 기자의 이 이미지를 한데 모아 보여 준다. 고린도전서에서 바울은 파당을 짓는 행위에 대해 교인들을 꾸짖으면서, 바울이나 아볼로나 베드로는 저마다 부분적인 역할을 하는 종들일 뿐임을 일깨워 준다.

> 나는 심었고 아볼로는 물을 주었으되 오직 하나님께서 자라나게 하셨나니 그런즉 심는 이나 물 주는 이는 아무것도 아니로되 오직 자라게 하시는 이는 하나님뿐이니라 심는 이와 물 주

---

9) 시 1:3, 렘 17:5-10, 겔 19:10-14, 47:12, 계 22:14도 보라.

는 이는 한 가지이나 각각 자기가 일한 대로 자기의 상을 받으리라 우리는 하나님의 동역자들이요 너희는 하나님의 밭이요 하나님의 집이니라.[10]

바울은 밭 · 집 · 일꾼이라는 복합적 은유를 활용해서, 하나님의 계획에 따라 조화롭게 자라는 구조물을 묘사한다.

개인에게 적용되는 사실은 충성스러운 교회들에도 적용된다. 한 사람 한 사람이 그리스도에게로 자라 가면 그 사람이 속한 믿음 공동체도 자라 간다는 사실을 이 말씀보다 더 분명하게 일깨워 주는 것은 없다. 살아 있는 교회가 자랄 때, 그 교회에 속한 신자들도 자란다. 지도자들을 칭송할 여지는 거의 없다. 이들은 그저 종일 뿐이다. "오직 하나님께서 자라나게 하"신다. 초대형 교회와 슈퍼스타급 인터넷 설교자들의 시대에는 이 사실을 기억해 두는 것도 나쁘지 않다.

요약, 그리고 나아갈 길

서글픈 이야기지만, 오늘날 많은 신자의 삶이 힘든 한 가지 이유

---

10) 고전 3:6-9.

는 교회들의 미온적인 가르침 때문이다. 지도자들이 전심으로 복음을 설교하는 교회에도 잠자는 그리스도인들이 있을 수 있다. 이런 사람들은 깨어서 그 느긋한 태도를 심각히 반성할 필요가 있다. 환경은 적절한데 이들은 무관심하고 활기가 없다. 반대로 반쯤 죽은 교회에서 정체되어 있지만 그래도 성장의 욕구를 지닌 젊은 신자들이 있을 수도 있다. 이런 교회들은 이름만 교회일 뿐 본질상 참 교회가 아니다. 이 교회들의 가르침은 성경의 진리에 무관심하기 때문이다. 이런 교회에 오래 머물면, 신자들은 자라지 못할 것이고, 빛과 물이 부족하거나 토양이 척박해 결국 성장이 멈출 것이다. 건강과 거룩함에 대한 성경의 이상(理想)은, 살아 있는 교회에서 자라나는 그리스도인이다.

다음 장에서는 그리스도에게로 자라는 데 유리한 조건을 구성하는 성경적 요소들을 다음과 같은 순서에 따라 제시하겠다.

1. 영적 생명이 시작될 수 있도록 적절한 장소에 **심기**
2. 성경이 가르치는 하나님의 말씀에 **뿌리 내리기**
3. 그리스도 안에서 견실하게 **자라기**
4. 성령님의 역사를 통해 **성숙하고 생명력을 얻기**
5. 그리스도에게로 자란 결과인 **열매 맺기**

성장 과정은 역동적이다. 우리가 신자로서 그리스도 안에서의 성장을 위한 조건에서 어떻게 실제적인 방식으로 유익을 얻을 수 있는지 설명해 보겠다. 이는 마치 초등학교를 졸업하고 중학교에 진학하는 것처럼, 2등 팀에서 1등 팀으로 승격하는 것처럼, 첫 직장에 들어간 것처럼 흥분되는 일이기도 하다. 각 성장 단계는 발전으로 가는 길에 세워진 이정표다.

마지막으로, 이 과정이 멋진 이유는, 성장이 하나님의 은혜 안에서의 성장이기 때문이다. 하나님이 우리를 위해 하신 일, 그리고 우리는 물론 우리와 여정을 함께하는 사람들 안에서 지금 하고 계신 일에 우리는 아마 계속 놀라게 될 것이다.

생각하기

1. 오늘날 영적 성장을 가로막는 주된 문제들은 무엇인가?

2. 영적 성장은 왜 중요한가?

3. 무엇이 은혜와 지식을 연결해 주는가?

4. 성장을 나타내는 성경의 이미지에 관해 이야기해 보라.

5. 성장을 위한 적절한 환경이 왜 중요한가?

6. 그리스도 안에서의 성장을 위한 성경적 조건을 말해 볼 수 있는가?

7. 그리스도 안에서 자신이 얼마나 성장해 있는지 평가할 수 있는가?

8. 그리스도 안에서의 성장을 고무시키는 올바른 삶의 장소에 있는가?

01

하나님의 심으심

> 주제: 하나님의 심으시는 행위가 성장의 시작이다. 하나님은 생명을 주시는 분이며, 영적 생명은 하나님과 함께 시작된다. 성경에서 시작의 양식(樣式)은 하나님의 창조 행위, 애굽을 탈출한 일, 예수 그리스도 안에서 하나님 나라가 도래한 것으로 제시된다. 중생과 신생으로 시작되는 개인의 성장은 하나님이 자기 백성을 심으시는 일의 한 측면이다. 이는 하나님의 새 창조의 한 부분으로, 하나님의 말씀과 영으로써 완성된다. 이는 사라져 가는 세상에 새로운 생명을 심는 일이다.

시작이 중요한 이유는, 앞으로 있을 일의 맛보기이기 때문이다. 때로 시작이 두려운 것은 미지의 요소 때문이다. 학교 입학 첫날, 새 직장에서의 첫날, 소울메이트와의 첫 데이트 날을 기억하는가?

서론에서 언급된 두 가지 비유, 즉 씨 뿌리는 자와 씨의 비유, 그리고 두 집 비유는 시작의 중요성을 보여 준다.[1] 이 중요성이 즉시 뚜렷이 보이지 않을 수도 있지만, 시작은 결정적으로 중요하다.

씨가 자라는 방식에 관한 첫 번째 비유에서 결정적인 요소는 그

---

1) 마 13:1-9, 16-23; 7:24-27.

씨가 우선 어디에 떨어지느냐는 것이다. 길 위에, 돌밭에, 혹은 잡초들 사이에 떨어지면, 한동안은 문제가 없을지 몰라도 곧 피할 수 없는 쇠퇴가 시작된다. 두 집 비유에서 중요한 것은 그 두 집이 사진 속에서 얼마나 멋지게 보이는지가 아니라, 한 집은 토대가 견실하고 또 한 집은 그렇지 않다는 사실이다. 한 집이 폭풍우에 무너지는 것은 집을 지은 사람이 암반까지 터를 깊이 파는 수고를 하지 않았기 때문이다. 예수님의 이 말씀이 무슨 뜻인가 하면, 진지한 회개를 통해 죄를 제거하지 않는 것은 매립된 쓰레기를 치우지 않고 견고한 건물을 지으려는 것과 마찬가지라는 것이다. 그런 식의 삶은 역경을 버텨 내지 못한다. 두 이야기 모두에 담긴 교훈은 '겉으로 보이는 모습을 사실로 여기지 말라'는 경고다. 보기에는 그럴듯할 수 있지만, 본질적인 것은 눈에 보이지 않는 시작이다. 씨가 어떤 땅에 심겼는지, 건물이 튼튼히 터를 잡았는지가 중요하다는 것이다. 우리의 모든 계획, 그리고 삶 자체가 하나님의 방식으로 시작되어야 한다.

시편 107편은 비참한 상황에 있는 사람들이 어떻게 하나님을 발견하는지에 대한 노래로 시편의 다섯 번째 책을 시작한다. 이 시편은 "지혜 있는 자들은 이러한 일들을 지켜보고 여호와의 인자하심을 깨달으리로다"라는 말로 끝난다. 하나님 백성의 삶에서 열매 맺기는 "인생에게 행하신 기적으로" 시작된다. 33-38절에서는 인생을 변화시키려고 여호와께서 어떤 일을 하시는지를 말한다.

여호와께서는 강이 변하여 광야가 되게 하시며 샘이 변하여 마른 땅이 되게 하시며 그 주민의 악으로 말미암아 옥토가 변하여 염전이 되게 하시며 또 광야가 변하여 못이 되게 하시며 마른 땅이 변하여 샘물이 되게 하시고 주린 자들로 거기에 살게 하사 그들이 거주할 성읍을 준비하게 하시고 밭에 파종하며 포도원을 재배하여 풍성한 소출을 거두게 하시며 또 복을 주사 그들이 크게 번성하게 하시고….

이 장에서는 그리스도인의 성장이라는 결과를 낳기에 적절한 시작의 중요성에 대해 생각해 보겠다.

태초에 시작하다

하나님이 새로운 생산을 시작하셨을 때 공기 중에는 사랑과 경이로움이 있었고, 이는 "매우 좋았다." 성경은 중요한 히브리어 단어 일곱 개로 막을 연다. "태초에 하나님이 천지를 창조하시니라." 그 전에는 인격적인 영원한 삼위일체, 즉 성부와 성자와 성령님 외에 아무것도 없었다. 창세기 1장의 첫 구절은 천지 창조라는 사랑의 사역을 요약해서 보여 준다. 하나님은 무(無)로부터, 무를 가지고, 무를 향해 행동하셨다. 이는 우리로서는 이해하기가 불가능하다! 그 행위의 결과, 공간과 시간과 살아 있는 피조물이 있는 우주가 생겼다.

아인슈타인이 한번은 편지에 이런 말을 썼다. "신은 우주를 가지고 주사위 놀이를 하지 않는다."[2] 이는 성경적인 관점에서도 맞는 말이다. 하나님은 전능하시고 모든 것을 다 아는 분이기에 운수(運數)를 시험하시지 않는다. 창조는 하나님의 **나라**, 하나님이 통치하시는 곳을 확실히 세웠다. 피조물이 자기 위치와 자기 역할을 갖게 된 것은 창조주께서 세상을 체계화하는 명령으로 이들을 서로 구별하셨기 때문이다. 창조 세계는 건강하고, 거룩하고, 행복한 곳이었다. 하나님의 영광을 찬송하는 노래가, 살아 있는 모든 피조물에게서 온 세상으로 울려 퍼졌다.

창조 세계는 몽상가들이 꿈꾸는 유토피아적 '기쁨의 동산'이 아니었다. 태초에 창조 세계는 하나님이 의도하신 대로 살아가는 피조물들에게 하나님이 경배받으시는 곳이었다. 피조물이 받는 소명은 하나님의 큰 사랑과 자유를 반영하는 것으로서, 하나님 나라의 종에게 주어지는 선물이었다. 인간은 하나님의 작업장의 청지기로서 동물들에게 이름을 지어 주었다. 남자와 여자가 서로를 동반자로 인식한 것도 시작의 한 부분이었다. 하나님의 은혜의 도움으로 인간은 낭비나 착취가 없는 조화로운 삶의 의미를 발견하게 될 터였다. 하나님의 영광과 창조 세계의 유익을 위하여 그렇게 사랑과 정의의 나라가

---

[2] 1926년 한 물리학자에게 보내는 답장에서.

임할 터였다.

성경은 두 번째의 새로운 시작, 심지어 첫 번째 시작보다 더 중요하고 깜짝 놀랄 만한 시작에 관해서도 이야기한다. 이 두 번째 시작에는 두 가지 관점이 포함되는데, 첫째는 예수님이 재림하신 후 새 창조 세계를 다스리는 가운데 만물이 최종적으로 새로워진다는 것, 둘째는 '중생의 씻음과 성령님의 새롭게 하심', 개인 구원이라는 새로운 탄생이다.[3] 하나님의 나라가 영광 중에 세워질 때, 죄와 슬픔과 죽음의 옛 세상이 사라진 자리로부터 새로운 우주가 등장할 것이다. 이 우주는 우리가 '천상의' 현실이라고 부르는 새롭고 최종적인 영적 세상일 것이며, 하나님이 만물의 주님으로서 그 세상을 다스리실 것이다.

창조 표지(creation mark) 2는 지금 여기, 하나님의 은혜의 나라인 이 옛 세상에 심겨 있다. 이 표지는 그리스도께서 영광 중에 다시 오실 때까지 날마다 자란다. 그리스도를 믿는 믿음을 통한 개인 구원은 이 우주적 과정과 별개가 아니다. 개인 구원은 이 과정에 속한다. 우리의 존재가 그리스도 안에 심겨서 자라는 것은 단순한 개별적 체험이 아니라 우주를 위한 하나님의 계획에 없어서는 안 되는 한 부분이다. 우리는 개별 차원에 집중하고 큰 그림은 신경 쓰지 말라는 유혹을 받는다. 그러나 우리가 새로워지는 것이 우주적 차원에 속한

---

[3] 마 19:28, 딛 3:5. 그리스어로 팔링게네시아(*palingenesia*), 즉 '재창조'(creation again).

일이라는 것을 알면 더더욱 놀랍다. 인간의 생명은 잉태되는 순간 시작되는데, 새 창조 세계에서 우리라는 부분은 태아(胎兒)의 세포 하나와 같다. 우리는 새 창조 세계가 탄생할 때까지 다른 모든 세포와 함께 자란다.

예수님이 이 세상으로 오신 것은 하나님의 새 나라를 심는 씨앗이다. 이 씨앗에서 하나님의 이 새롭고 영원한 나라가 발아하여 자란다. 그것이 바로 시작을 아는 게 중요한 이유다.

창조 표지 2

창조 세계의 두 번째 시작은 첫 번째 시작으로부터 이어지는 직선이 아니다. 망가져서 절망뿐인 상황으로 새로운 소망이 확실하게 주입된다. 많은 사람이 사회의 진보를 소망하지만, 눈이 멀지 않은 이상 세상이 악하고 불의하다는 사실을 보지 않을 수 없다. 세상이 악하고 불의하다는 것이 바로 우리가 발전을 바라는 이유 아닌가? G. K. 체스터튼(Chesterton)이 남긴 유명한 말처럼, "원죄는 경험적으로 쉽게 증명될 수 있는 기독교 신학의 한 논점이다."[4] 범죄, 불순종, 죽음은 하나님의 선한 세상에 대혼란을 초래했다. 하나님은 질서 있는 창조

---

4) G. K. Chesterton, *Orthodoxy*, 1908, 2장.

세계를 지으신 분이었다. 인간은 반(反) 창조 혹은 비(非) 창조 행위로 이에 맞섰다. 일단 반역의 종이 울리자 이를 되돌릴 길이 없었다. 종소리는 약해지지도 않았다. 오히려 역사를 통해 더 커졌다. 반역은 온 체계에 스민 불의에 점점 더 견고히 뿌리를 내리면서 악의 제국에 힘을 더해 주었다. 다니엘서는 이 제국이 위풍당당한 신상 같지만 발에 쇠와 진흙이 섞여 있어 힘이 없다고 묘사한다. 보기에는 인상적이지만 토대가 혼합물이라는 것이 이 신상의 아킬레스건이다. 사람의 손으로 깎지 않은 돌이란 장차 임할 예수님의 나라를 뜻하는 이 선지자의 표현으로, 이 돌이 굴러와 신상을 무너뜨린다. 하나님의 나라는 인간의 제국과 달리 결코 멸망하지 않는다.[5] 소비에트 제국은 1989년에 마침내 무너지기까지 얼마나 위풍당당했는가!

하나님 나라가 극적으로 임하는 광경은 마가복음의 갑작스러운 서두에서 볼 수 있다. "하나님의 아들 예수 그리스도의 복음의 시작이라… 예수께서 갈릴리에 오셔서 하나님의 복음을 전파하여 이르시되 때가 찼고 하나님의 나라가 가까이 왔으니 회개하고 복음을 믿으라 하시더라."[6] 축포처럼 마가복음을 여는 단어는 "시작"(*archē*)이라는 단어로, 창세기의 첫 단어(*bĕrei'shit*)를 연상시킨다. 예수님이 무대에 오르시면, 하나님의 좋은 소식이 공허한 삶, 형태도 없이 텅 빈 광야를 가로챈다.[7]

---

5) 단 2:44–45, 계 11:15.
6) 막 1:1, 14–15.
7) 막 1:1–2, 14–15. 참고, 창 1:1–2.

전도자 요한은 마가보다 늦게 복음서를 썼다. 요한은 시작과 관련해 마가보다 앞서 나가지만, 마가와는 다른 시도를 했다. "태초에 말씀이 계시니라 이 말씀이 하나님과 함께 계셨으니 이 말씀은 곧 하나님이시니라 그가 태초에 하나님과 함께 계셨고."[8] 요한이 "하나님은 곧 말씀이니라"라고 말하지 않는다는 데 주목하라. 만약 그렇게 말했다면 성부 하나님과 성자 하나님 사이의 위격적 구별을 부인하는 셈이었을 것이다. 그 구별은 영원히 실재한다. 이는 성자는 성부와 나란히 자신의 신성으로 영원히 위격적으로 존재하신다는 뜻이다. 요한복음 서두는 예수님의 강림에 관해서도 이야기하는데, 이는 14절에서 소개된다. "말씀이 육신이 되어 우리 가운데 거하시매 우리가 그의 영광을 보니 아버지의 독생자의 영광이요 은혜와 진리가 충만하더라." 창세 **전**부터 성부와 함께 영원히 계시는 성자께서 타락한 세상에서 인간의 육신이 되셨다는 것은 놀라운 일이다. 성자의 두 가지 별개의 본성이 한 존재 안에서 이음매 없이 하나가 되었다.

이는 급진적인 새 시작이다. 세상의 종교에 이와 비교할 수 있는 것은 없다. 예수님의 성육신은 하나님의 두 번째 창조의 씨를 심는다! 새 시작 때 예수님은 생명과 빛을 안겨 주셨으며, 옛것을 없애기 시작하셨다. 예수님은 인간의 죄와 하나님의 거절을 스스로 취하심으로써 인간의 상(傷)함을 조금도 남겨 두지 않으셨다. 예수님이 죽

---

[8] 요 1:1-2.

으신 것은 그 때문이었다. 자기 몸에서 인간의 그 상함이 죽게 하신 것이다. 패배처럼 보이는 것에서 승리가 나왔고, 죽음에서 새 생명이 나왔다. 부활로써 예수님은 첫 성탄절 때 자신과 함께 시작된 새 창조의 우주적 차원을 안내하셨다.

  죽음에서 새 생명으로 부활하는 것, 옛것에 새것을 주입하는 것이 그리스도인의 삶에서 주로 초점을 맞춰야 할 부분이다. 고린도후서 5장 17절에서 바울은 "누구든지 그리스도 안에 있으면 새로운 피조물이라 이전 것은 지나갔으니 보라 새것이 되었도다"라고 담대히 말한다. 다시 태어난다는 것은 단순히 변화를 겪는 것이 아니라 그 이상이다. 물론 그 변화가 현실적이기는 하더라도 말이다. 다시 태어난다는 것은 하나님이 우리를 그리스도의 새 창조 나라로, 그리스도 그 자체에게로 심으시는 것이다. 그 어떤 것도 전과 동일하지 않다. 삶이 재창조된다. 하나님의 나라에 대한 약속은 포로 생활에서 돌아와 질서를 되찾고 그 나라의 행복을 회복하는 것이다. 그것이 바로 예수님에 관한 좋은 소식이 주로 재창조(recreation), 재생(rebirth), 구속(redemption), 화해(reconciliation), 새롭게 하기(renewal)처럼 '다시'(re)라는 말을 중심으로 하는 이유다.[9] 이 모든 것은 새로운 시작, 창조를 위한 두 번째 기회를 의미한다.

  생애의 끝을 향해 가던 요한은 요한계시록에서 이 개념을 더욱 큰

---

[9] Paul Wells, *Cross Words: The Biblical Doctrine of the Atonement*, (Christian Focus, 2006), 15장을 보라.

틀에 담아서 보여 준다. 요한은 이사야 선지자를 돌아보면서 예수님이 모든 것의 시작이자 끝이라고 몇 번에 걸쳐 말했다.[10] 예수님은 "처음과 마지막", 시작, 중심이자 최종점, 모든 창조 세계의 주님이시다.[11] 그리스도가 만물의 주님이시라는 것이 최종적인 확언이고, 이는 죽은 자 가운데서 부활하신 일로 보증된다. 이것이 바로 마태복음 28장 18, 20절에서 예수님이 제자들을 떠나시면서 "하늘과 땅의 모든 권세를 내게 주셨으니… 내가 세상 끝 날까지 너희와 항상 함께 있으리라"라고 말씀하신 이유다. 예수님의 권세는 창조 세계의 시작부터 끝까지 만물에 임하는 예수님의 권능이다. 부활 후, 죄·죽음·지옥·마귀를 다스리시는 권능을 통해 예수님이 왕이시라는 사실이 공개적으로 선포되었다.

믿음으로 그리스도 안의 새 피조물이 될 때, 우리는 예수님의 위격과 사역이 감독하는, 하나님의 계획을 구성하는 1조 개짜리 우주적 퍼즐의 미세한 조각 하나일 뿐임을 알게 된다. 그 무엇도 그 계획만큼 우리의 흔하고 진부한 삶을 변화시키지 못한다! 우리는 큰 그림 속 작은 조각 하나에 지나지 않을지 몰라도, 우리가 없으면 그 그림은 불완전하다. 우리의 운명은 하나님의 계획에서 작지만 중요한 역할을 한다. 그것이 바로 마지막으로 구원받는 신자가 그리스도의

---

10) "알파와 오메가"는 그리스어 알파벳의 첫 철자와 마지막 철자다.
11) 계 1:8, 21:5-8, 22:12-15. 구약 시대의 랍비들이 히브리어로 이 표현을 사용했다. 사 44:6, 48:12을 보라. 히브리어의 첫 번째 철자와 한가운데 철자와 마지막 철자(알레프[aleph], 멤[mem], 타브[tav])를 조합하면, 진리(truth)를 뜻하는 단어 에메트(*emet*, אמת)가 된다.

나라에서 안전할 때까지 이 세상이 끝나지 않는 이유다.

두 번째 기회 하나님

과거의 삶에서 몇 페이지쯤 찢어 내고 새롭게 시작할 수 있다면 그렇게 하지 않을 사람이 어디 있을까? 펜과 잉크가 걸핏하면 공책에 얼룩을 만들던 오래전 학창 시절, 필기하다 실수할 때마다 나는 공책을 찢어 내서 그 실수를 무마하려고 했다. 그렇게 할 때마다 내 실수는 더 뚜렷해졌다. 공책이 점점 얇아졌기 때문이다. 과거를 바꾸기는 불가능하다. 그 과거가 이어져 지금의 내가 되었고, 그 시간은 결코 뿌리 뽑아 없앨 수 없기 때문이다. 인터넷 때문에 상황은 더 나빠졌다. 우리의 실책이 마치 길 위에 달팽이가 지나간 흔적처럼 우리를 따라다니기 때문이다. 과거와 단절하고 다시 시작할 수 있다면 무슨 일인들 못 할까!

하나님이 동산을 만드셨지만, 죄라는 혁명이 뿌리 뽑을 수 없는 가시와 엉겅퀴를 심었다. 죄는 일종의 노예 상태다. 예수님의 한 비유에서 보면, 가시와 엉겅퀴는 마지막 추수 때까지 좋은 씨앗과 함께 자란다.[12]

---

12) 좋은 씨앗과 가라지의 비유, 마 13:24-30, 36-43.

죄가 노예 상태로 귀결되는 이유는, 죄가 인간을 거짓 신이나 우상에게 복종시키기 때문이다. 우리가 무엇을 먹느냐에 따라 우리가 어떤 사람인지 결정되지는 않는다. 좋은 지도자를 만나는 것이 꼭 우리에게 그럴 자격이 있어서도 아니다. 하지만 우리는 우리가 섬기는 우상을 닮게 되어 있다. 우리는 우리를 만드신 창조주에 대해 눈 멀고, 귀먹고, 말 못 하는 상태다. 그런 속박 상태에서 우리를 건져 주시는 하나님의 구원 행위는 반드시 죄에 대한 심판의 행위이기도 하다. 그것이 예수님이 우리 죄 때문에 심판을 당하신 십자가의 은혜에 초점을 맞춘 성경의 메시지다. 하나님은 자기 피조물을 미워하지 않으신다. 가증스러운 것은 우리의 죄인데, 우리는 그 사실을 인정하기 싫어한다.

하나님은 죄인들을 노예 상태에서 구해 주심으로써 해방하시는 위대한 노예 폐지론자이시다. 하나님의 나라는 우리가 섬기는 우상들에게 역습을 가함으로써 하나님이 자유를 안겨 주실 때 임한다. 성경에 기록된 구원의 역사(歷史)는 하나님이 자유의 전사(戰士)들을 보내 자기 백성을 자유롭게 해 주시는 역사다. 하나님은 자기 백성을 죄에서 속량(贖良)하신다. 즉, 되사신다.

구약성경에서 자유는 예외 없이 모세와 아론의 지휘 아래 애굽을 탈출한 모형을 따른다. 아브라함의 자손들에게 애굽에서의 삶은 나일강에서 즐기는 크루즈 여행이 아니었다. 애굽에서의 삶은 악질적인 감시자의 시선 아래 고된 노동을 하며 압제당하는 삶이었다. 바로(파라오)의 영광과 그가 섬기는 죽음이라는 이방 신을 위해 짚도 없이 벽돌을 만드는 것이 이 사로잡힌 삶의 일상이었다. 급기야 유대인 갓난아기들까지 죽임당했다. 사람들은 신음하며 풀려나기를 바랐다. 애굽은 '속박의 집', 죄 자체의 상징이었다. 하나님은 기적적인 방식으로 개입하셔서 자기 백성을 죄의 권세에서 구하셨다. 하나님은 백성을 시내 땅으로 부르시고, 이들에게 자유의 율법을 주시고, 그런 다음 아브라함에게 약속하셨던 땅으로 인도하셨다. 그 땅에서 이들은 그 율법을 실천해야 했다. 하나님은 자기 백성을 팔레스틴(팔레스타인) 땅에 심으셔서 이들이 다른 민족과 구별되는 '거룩한 민족'이 되게 하셨다. 이것이 타락한 세상을 회복하기 위한 하나님의 계획의 첫 단계였다.

포도나무와 감람나무

팔레스틴은 "젖과 꿀이 흐르는" 땅, 하나님이 자기 백성을 다스리시는 새 에덴동산이 되어야 했다. 그러나 이스라엘 백성은 자주 불순종하는 자녀로, 지독히도 여호와의 인내를 시험했지만, 희생제사 제도가 속죄(贖罪)를 제공하고 하나님과의 교제를 새로이 하게 해 주었다. 자기 백성을 애굽의 노예 상태에서 자유롭게 해 주신 하나님은 이제 이들을 약속의 땅에 심어, 만국의 빛으로 자라 번영할 수 있게 하셨다. 포도나무와 감람나무는 팔레스틴 땅에서 쉽게 볼 수 있는 식물로, 이스라엘이 받은 부르심의 상징이었다.

시편 80편 8-9절은 불충성하는 이스라엘의 운명과 이를 회복하려고 "인자"가 오시기를 바라는 소망을 묘사한다. "주께서 한 포도나무를 애굽에서 가져다가 민족들을 쫓아내시고 그것을 심으셨나이다 주께서 그 앞서 가꾸셨으므로 그 뿌리가 깊이 박혀서 땅에 가득하며." 호세아 10장 1절에서는 이스라엘을 "열매 맺는 무성한 포도나무"라고 부른다. 하지만 이 포도나무는 쓴 열매를 맺게 되었다. 극상품의 포도나무가 땔감으로나 쓰이는 질 나쁜 들 포도나무가 되었다.[13] 예수님이 "나는 참포도나무요 내 아버지는 농부"라고 말씀하셨을 때 제자들은 예수님이 무슨 말씀을 하시는 것인지 실제로 알아들었다. 예수님은 자신이 다름 아니라 하나님의 참 이스라엘이심을 주장하고 계셨다.

감람나무도 하나님이 자신을 경배하고 섬기도록 이스라엘을 심으신 일에 대한 중요한 상징이었다. 성전에는 시내 산에서 모세에게 주어진 지침에 따라 일곱 가지가 달린 등잔대 메노라(Menorah)를 세워 두었는데, 우연히도 이는 현대 이스라엘의 문장(紋章)이다. 출애굽기 25장 31-32절에서 하나님은 모세에게 이렇게 말씀하셨다.

---

[13] 사 5:1-2, 렘 2:21, 겔 15:6, 막 12:1-12에서 예수님은 포도나무를 이스라엘 및 하나님의 심판의 상징으로 삼으셨다. 가시는 죄와 열매 맺지 못하는 상태의 상징이었다. 마 7:16과 사 5:6을 보라.

> 너는 순금으로 등잔대를 쳐 만들되 그 밑판과 줄기와 잔과 꽃받침과 꽃을 한 덩이로 연결하고 가지 여섯을 등잔대 곁에서 나오게 하되 다른 세 가지는 이쪽으로 나오고 다른 세 가지는 저쪽으로 나오게 하며.

어떤 이들은 가지 여섯이 천지 창조 때의 날들을 나타내고, 한가운데 가지는 안식의 일곱 번째 날을 가리킨다고 해석한다. 주후 70년 성전이 파괴되었을 때 로마 군대가 이 등잔대를 옮겨 가는 광경이 로마의 티투스 개선문에 그려져 있어서 우리는 이 등잔대가 어떻게 생겼는지 알고 있다. 이스라엘은 기름을 내서 가지에 불을 밝히는 무성한 감람나무처럼 심겼다.[14] 하나님의 창조물로서, 하나님이 택하신 백성은 열방에 하나님 나라의 빛을 전해 주고, 노예 상태에서 거짓 신들을 섬기고 있는 세상에 예배와 섬김의 참 의미를 본 보여야 했다. 바울은 로마서 11장 17-24절에서 이스라엘을 감람나무에 빗대는 비유적 표현을 써서 하나님이 자기 모든 백성을 어떻게 구원하시는지를 이야기한다.

구약성경은 하나님이 이스라엘을 자기 백성으로 입양하신 것, 그리고 이들이 공동체로서 열매를 맺어 세상을 향해 증언하기를 요구하신 것에 강조점을 둔다. 하지만 이 일에는 개별적인 측면도 없지

---

14) 슥 4장의 순금 등잔대와 거기 기름을 붓는 감람나무 둘의 환상 참고. 스가랴 선지자는 사 4:2과 일치되게, 3:8과 6:12에서 약속된 구주를 "싹"(the Branch)이라고 부른다. 요한계시록에서 일곱 금등잔대는 하나님의 백성의 상징인 일곱 교회를 나타낸다.

않다. 시편에서 의로운 사람은 시냇가에 심겨서 계절에 따라 열매를 맺는 나무로 제시되며, 이와 대조적으로 악인은 바람에 날리는 겨와 같다고 한다. 시편 128편에서는 가정생활이 아름답게 묘사된 것을 볼 수 있는데, 이 시편은 1편과 똑같이 "복 있다"(blessed)라는 말로 시작된다. 3-4절은 다시 한번 포도나무와 감람나무를 언급한다. "네 집 안방에 있는 네 아내는 결실한 포도나무 같으며 네 식탁에 둘러앉은 자식들은 어린 감람나무 같으리로다 여호와를 경외하는 자는 이같이 복을 얻으리로다." 개인과 공동체의 관계는 신약성경에서 충성스러운 교회 공동체에 속한 개별 신자의 영적 건강을 예시한다.

구별에 강조점을 두다

구약성경의 하나님의 백성, 그리고 신약성경의 믿음의 공동체 둘 다 주변 사람들과 구별되는 사람들이 되라고 부름 받았다. 우리는 개인의 다양성과 사회적 포용을 강조하는 현대의 풍조 때문에 성경 메시지의 이런 특징을 망각한다. 이런 경향은 신학과 선교 영역에서 '상황화'가 유행하는 바람에 복음주의에서도 부지중에 강화되었다. 물론 '모든 사람에게 모든 것이' 되어야 하고 문화 정황을 인식해야 한다는 관점에서 문화 적응은 중요하다. 하지만 성경의 강조점은 신앙과 불신앙의 삶, 하나님께 대한 순종과 대중 따르기가 대조된다는 데 있다.

좀 거창한 말 같지만, 아주 실제적이므로 따라 해 보라. '상황화'(contextualisation)가 중요하다 해도, '탈상황화'(decontextualisation)의 부차적 개념으로서만 중요하다. 구원 역사는, 창조 때 거룩함을 위한 구별에 강조점을 둔 것을 계속 이어 간다. 하나님은 자기 백성을 부르시고 주변 환경과 구별하셔서 자신을 섬기게 하신다. 성경에서 본을 보이는 것은 '상황화' 모형이 아니다. 먼저 탈상황화가 있고 그 다음에 재상황화가 있다. 하나님의 백성은 주변 사람들과 다르므로 그 사람들에게 증인이 되라고 부름 받는다. '어떤 민족이기에 이토록 큰 하나님을 모시는 것일까?'라는 궁금증을 불러일으켜야 하는 것이다. 주께서 자기 백성에게 "너는 나 외에는 다른 신들을 네게 두지 말라"라고 명하실 때, 이는 "너희는 다른 민족들과 달라야 한다."라는 뜻일 뿐만 아니라 "너희는 애굽의 종살이와 거짓 신들에게 돌아가지 말라. 내가 너희를 그 모든 것에서 구해 냈다."라는 뜻이기도 하다.

의식적으로 구별됨으로써만 자유는 현실이 되고 하나님을 섬기는 일에서의 성장이 가능하다. 신자의 생각과 행동, 기준과 목표는 하나님이 정하시는 것이지 변화하는 세상의 풍조가 정하는 것이 아니다. 더 나아가, 신자가 주변 사람들과 다른 것은 하나님이 건강과 부에 대한 이 세상의 기대 그 너머에까지 미치는 약속을 주셨기 때문이다.

그러므로 흔히 그렇듯 사람들이 "우리는 지금 21세기를 살고 있으니 이것 또는 저것을 받아들여야 한다."라고 말한다면, 이는 우리의 주의를 다른 데로 돌리려는 것이다. 잉(Dean Inge: 1860-1954, 잉글랜드의 저술가, 성공회 사제-역주)이 맞는 말을 했다. "최신 경향을 따르는 일만큼 반동적인 것은 없다. 자기 세대의 정신과 결혼하면 다음 세대에는 홀아비가 될 것이다."[15]

예수님, 그리고 하나님의 새 백성

출애굽에 이은 이스라엘의 두 번째 대탈출은 바벨론에서 70년 동안의 포로 생활을 마치고 하나님의 백성 중 남아 있는 사람들이 주전 538년 고레스 왕의 칙령에 따라 귀환한 일이었다. 이들은 광야를 지나서 돌아왔고, 에스라와 느헤미야가 말한 대로 두 번째 성전이 건축되었다. 포로 시기 후 백성의 우상 숭배 경향은 줄어들었지만, 율법주의가 그 추한 고개를 들기 시작했다.

포로 생활에서 귀환한 일은 하나님이 아브라함을 하란에서 불러내신 일과 출애굽 사건을 배경으로, 그동안 기다린 최종적 해방과 약속된 메시아의 강림에 대한 하나의 모형이 되었다. 예수님의 선구

---

15) William R. Inge, 1911년 11월 10일 일기에서. 찰스 스펄전도 한 설교에서 아주 비슷한 말을 했다. *The Metropolitan Tabernacle Pulpit: Sermons Preached by C. H. Spurgeon Revised and Published During the Year 1892*, Vol. 38, 설교 제목: 자기 장례식 설교, 1890년 10월 19일.

자로서 세례 요한의 증언은 이사야의 예언의 관점에서 한 증언이었다. 세례 요한은 광야에서 부르짖는 자의 목소리였으며, "그의 오실 길을 곧게 하라"는 이 목소리는 두 차례의 대탈출 사건을 떠올리게 했다. 회개의 세례는 약속된 그리스도의 강림을 준비시켰다.

요한복음 1장 29-34절에서 세례 요한의 증언은 대망의 메시아를 묘사하는 세 가지 호칭으로 표현되는데, 그 세 가지는 "세상 죄를 지고 가는 하나님의 어린양", "성령으로 세례를 베푸는 이", "하나님의 아들"이다. 이 세 가지 호칭 모두 요한이 새 시대의 시작점에 서 있다는 것을 자각하고 있었음을 가리킨다. 하나님의 아들 예수님이 새 출애굽에서 유월절 어린양으로서 자기 백성을 죄에서 건져 내려고 개입하실 것이다. 예수님은 약속된 성령님의 시대가 임하게 하심으로써 이 백성을 다시 세우실 것이다. 요한복음 7장 39절에 따르면, 약속된 그 시대는 예수님이 영광 받으실 때 임할 것이다. 하나님의 백성은 새 땅에 들어가는 게 아니라, 그리스도의 나라, 즉 밝아 오고 있는 영적 시대로 들어간다.

누가가 기록한 변화 기사에서 모세와 엘리야가 신비롭게 나타나 예수님과 이야기를 나누었다. 모세와 엘리야는 구약 시대의 위대한 언약 지도자들이다. 이들은 예수님이 곧 예루살렘에서 성취하실 '출애굽'에 관해 이야기를 나누었다.[16] 예수님은 자신의 선구자가 맡긴

---

16) 눅 9:31.

역할을 자신이 곧 이행하게 되리라는 것을 의식하고 계셨다. 예수님의 죽음과 부활은 하나님의 나라가 임하게 하고 죄에서 구출되게 한다. 부활하신 주님으로서 예수님은 많은 포로를 새 생명의 자유로 인도하신다. 예수님은 이들을 자신의 새로운 영적 왕권의 영역으로 인도하심으로써 출애굽을 성취하셨으며, 이 일은 장차 있을 완전히 새로운 창조를 알린다.

예수님의 행동을 보는 이 이중 관점은 사람들이 왜 '이미'와 '아직'에 관해 이야기하는지 그 이유를 설명해 준다. 새로운 나라로의 대이동은 **이미** 일어났다. 의의 새로운 창조가 완전히 전개되는 일은 **아직** 이루어지지 않았다. 예수님의 재림을 기다리고 있기 때문이다. 요약하자면, 예수님은 새 출애굽을 다음과 같은 몇 가지 방식으로 이루신다.

1. 첫 번째 출애굽은 하나님의 구원이었다. 그리고 하나님의 아들로서 예수님은 새로운 인격적 방식으로 하나님의 해방을 안겨 주셨다.
2. 출애굽은 노예 상태에서 아들이 누리는 자유 상태로 간 것이었다. 이스라엘은 하나님의 아들, 하나님의 택함 받은 자들이 되었다. 이에 비해 예수님이 우리를 죄에서 구속하신 것은 하나님의 백성으로 입양한 것이었다. 예수님과 연합한 신자들은 예수님의 소유다.

3. 모세는 예수님의 모형이었다. 모세는 하나님의 종으로 선택되고, 부름 받고, 능력을 부여받았다. 하나님의 아들로서 예수님은 구원의 일을 이루기 위해 세례(출애굽을 상징) 때 특별히 성령님을 받았다. 예수님은 오순절 때 새 백성을 형성하려고 성령세례를 주셨다.

4. 출애굽은 땅에서의 순종과 결실을 위한 자유였다. 예수님의 새 언약 백성은 "택하신 족속이요… 거룩한 나라요 그의 소유가 된 백성"이 되기 위해, "어두운 데서 불러내어 그의 기이한 빛에 들어가게 하신 이의 아름다운 덕을" 선포하기 위해 예수님 안에 심겼다.[17]

5. 첫 번째 출애굽의 목적지는 약속의 땅이었고, 두 번째 출애굽에서는 함께 모인 신약 시대 공동체를 거쳐서 예수님의 새 창조 세계로 간다.

구약성경에서 볼 수 있는 성경적 모형은 예수님의 새 창조 사역에서 재현된다. 예수님은 죄의 노예 상태에서 우리를 속량하시고, 잃어버린 세상에서 구하시며, 자기 안에 심긴 새 공동체로서 자기 백성을 형성하시고, 이들에게 영적 자양분을 주시며, 자신이 주시는 성령님을 통해 열매를 맺으라고 명하시고, 공의와 의의 새 창조 세

---

17) 벧전 2:9. 참고, 1:13-28.

계를 약속하신다. 예수님이 친히 예비하신 이 새 창조 세계의 가정에 대한 소망은 우리를 설렘으로, 우리 조상들이 말했듯이 '천국의 기쁨'으로 가득하게 할 것이다.

하나님의 새 언약 백성을 심기

예수님의 출애굽에 뒤이은 새 언약에 관해 말할 수 있는 가장 근본적인 사실은 다음과 같다. 구약성경에서 하나님의 백성은 약속의 땅에 심겨 그 땅에서 번영해야 했다. 신약성경에서 하나님의 자녀는 그리스도 안에 심겨 그분 안에서 장성한 분량에 이르도록 자라야 한다. 그 장성함에 궁극적으로 도달하는 때는 그리스도께서 다시 오실 때이지만, 그 시작은 지금 여기다. 그리스도 안에서 자라기를 바라고 그렇게 되기를 추구하는 것은 모든 기독교 신자의 과제다. 이 과제를 진지하게 받아들이지 않으면 결국 이 순간의 자기 기분에 집착하면서 그릇된 기대나 좌절 문제로 씨름하게 된다.

예수님의 구원 사역의 참 본질 때문에, 신약성경이 예수님 안에서의 영적 성장에 관해 가르치기 위해 활용하는 이미지들은 옛 언약의 이미지들에 비해 더 인격적인 특성이 있다. 하지만 하나님께 대한 순종과 결실을 향한 성장이라는 목표는 여전히 유지되며, 옛 이미지들은 새 이미지들과 통합된다. 그리스도 안에서의 새로운 시작은 주로 세 가지로 묘사되는데, 예상했겠지만 그 세 가지는 새 창조, 죽음과 부활, 그리고 새로운 탄생이다.[18] 이 세 가지 모두의 근본적 개념은 새로움, 그리고 예수님을 본받아 그분처럼 되는 것이다.

1. 그리스도 안에 있는 새 피조물

고린도후서 5장에 따르면, 누구든 그리스도 안에 있으면 그분과 더불어 새 피조물이고, 이는 그리스도에게서 새 정체성을 얻기 때문이라는 사실을 이미 언급했다. 바로 앞 장인 고린도후서 4장 6절에서 사도 바울은 놀라운 비교를 한다.

> 어두운 데에 빛이 비치라 말씀하셨던 그 하나님께서 예수 그리스도의 얼굴에 있는 하나님의 영광을 아는 빛을 우리 마음에 비추셨느니라.[19]

여기서 눈에 띄는 점 몇 가지가 있다. 첫째로, 세상을 창조하실 때 그랬던 것처럼 새 생명은 "빛이 있으라"라고 말씀하시는 하나님의 명령에 따라 임한다. 둘째로, 빛은 어둠을 이기고 어둠이 숨기는 공허(空虛)를 꿰뚫는다. 죄의 어둠 속에서는 아무것도 할 수 없다. 하

---

[18] 몇 년 전 Paul Helm's *The Beginnings*(Banner of Truth Trust, 1986)에서 이 내용을 읽은 것이 기억난다.
[19] 참고, 엡 4:24에서 바울은 "하나님을 따라 의와 진리의 거룩함으로 지으심을 받은 새사람을 입으라"라고 말한다.

지만 빛이 임하면 새 생명이 번성한다. 셋째로, 햇빛 가운데 있으면 '늑대의 시간' 어둠으로 다시 돌아가고 싶지 않다. 빛 가운데서는 안심이 되지만, 어둠은 무섭다. 빛이 들어오면 주 예수님의 위격에서 퍼져 나오는 지식을 안겨 준다. 이는 그리스도의 형상으로 변화되는 것에 관해 바울이 이야기한 것과 비슷하다. 그리스도의 빛은 우리를 그분과 비슷한 모습으로 변화시킨다. 이런 변화는 우리 자신도 느끼고 다른 사람들도 감지한다. 마지막으로, 이 구절에서는 성령님과 하나님의 말씀에 관해서는 명시적으로 말하지 않는다. 하지만 빛을 언급한다는 것은 성령님의 역사를 암시하는 것이며, 그리스도를 아는 지식은 복음의 말씀을 가리킨다. 이에 대해서는 나중에 더 살펴보기로 하자. 지금 분명한 사실은, 그리스도 안에 있는 새 생명은 그분 안에서 새로운 피조물이 되어 가고 있다는 것이다.

2. 그리스도와 함께 죽고 함께 부활함

과거의 삶에 대해 죽고 그리스도와 함께 새 생명으로 부활한다는 것이 신약성경의 중심 주제다. 이는 흔히 세례와 결합하는 생생한 이미지다. 성경에는 이에 대한 여러 언급이 있다. 요한복음 12장 24절에서 자기 죽음에 관해 이야기하시면서 예수님은 이렇게 말씀하셨다.

내가 진실로 진실로 너희에게 이르노니 한 알의 밀이 땅에 떨

> 어져 죽지 아니하면 한 알 그대로 있고 죽으면 많은 열매를 맺
> 느니라.

이 장면은 다시 한번 많은 것을 말해 준다. 예수님과 동시대 사람들은 씨앗이 심겨 자라는 신비에 생계가 달려 있었기에 이 말씀이 무슨 뜻인지 다 이해했다. 생명이 없는 것처럼 보이는 씨앗이 땅에 떨어져 몇 주가 지나면 놀랍게 살아나 싹을 틔우고 번식한다. 하나에서 많은 것이 생긴다. 예수님은 죽으시고 다시 살아나실 것이며, 그렇게 함으로써 다른 많은 사람에게서 생명이 싹트게 하실 것이다. 예수님의 죽음이 많은 열매를 맺는 것은 많은 사람이 예수님과 함께 부활할 것이기 때문이다.

영적 부활에 관해 가장 잘 알려진 구절은 아마 로마서 6장 1-11절일 것이다.[20] 바울은 신자들이 "죄에 대하여 죽"고 예수 그리스도 안에서 "하나님께 대하여는 살아 있"다고 말한다. 4-5절과 11절은 바울의 주장을 진술한다.

> 그러므로 우리가 그의 죽으심과 합하여 세례를 받음으로 그와
> 함께 장사되었나니 이는 아버지의 영광으로 말미암아 그리스
> 도를 죽은 자 가운데서 살리심과 같이 우리로 또한 새 생명 가

---

[20] 이 구절은 다음 장에서도 언급할 텐데, 다만 그리스도에게 참여한다는 관점에서 다룰 것이다.

> 운데서 행하게 하려 함이라 만일 우리가 그의 죽으심과 같은 모양으로 연합한 자가 되었으면 또한 그의 부활과 같은 모양으로 연합한 자도 되리라… 이와 같이 너희도 너희 자신을 죄에 대하여는 죽은 자요 그리스도 예수 안에서 하나님께 대하여는 살아 있는 자로 여길지어다.

이는 무슨 의미인가? 간단히 말해, 믿음으로 예수님과 하나가 됨으로써, 예수님께 일어났던 일이 그분 안에서 기적적으로 우리에게도 일어났다는 것이다. 골로새서 3장 1절에서 말하다시피, 그리스도 안에 있는 신자들은 "그리스도와 함께 다시 살리심을 받았으"며, 이는 "위의 것을 찾"기 위해서이며, "거기는 그리스도께서 하나님 우편에 앉아 계시"는 곳이다.

에베소서 2장 4-6절에서도 동일한 개념을 말하고 있다.

> 긍휼이 풍성하신 하나님이… 허물로 죽은 우리를 그리스도와 함께 살리셨고 (너희는 은혜로 구원을 받은 것이라) 또 함께 일으키사 그리스도 예수 안에서 함께 하늘에 앉히시니.

죄와 죽음은 지나갔고, 그리스도 안에서 신자는 새 생명으로 들어간다. 우리는 자기 자신을 이 새 관점에서 보아야 한다. 믿음으로써 우리는 주 예수님에 대해, 주 예수님과 함께, 주 예수님 안에서 살아 있다. 하나님은 영적으로 우리를 죽은 자 가운데서 살리셨다. 예수님처럼 말이다. 우리가 한 일은 아무것도 없으며, 이는 우리 안에서 이루어진 하나님의 일이다. 사실 우리는 여전히 이 땅 위에 살고 있고, 죄와 더불어 죽으려는 싸움에 휘말려 있다. 하지만 새 생명으로 부활하는 것이 우리의 운명이고, 이 일은 이미 일어났다. 지금 이 순간 믿음을 위한 영적인 소망이 장래에는 물리적이고 유형적인 현실이 될 것이다. 장차 영생으로 부활하는 일은 정해진 과정에 따라, 즉 그리스도께서 다시 오실 때 일어날 것이다.

3. 새로운 탄생과 중생

그리스도와 함께 부활하는 일은 영적인 재탄생 혹은 중생으로써 현실이 된다. '거듭나다'(born again)라는 표현은 삶을 변화시키는 체험을 가리키는 일반적 용법으로 전해져 왔다. 전에 어떤 알코올 중독자가 내게 말하기를, 자신은 알코올 중독자 자조(自助) 모임에 나가서 거듭났다고 했다. 이 사람의 말에는 기독교적인 의미가 전혀 없다. 그래서 사람들이 '새로운 탄생'에 대해 말할 때 우리는 신중해야 한다. 그리스도 중심적인 맥락이 중요하다. 로마서 8장 17, 29절에 따르면, 예수님 자신도 예수님과 함께 양자가 되어 하나님의 가족이 된 수많은 상속자 중 맏아들이시다. 디도서 3장 5절에서 바울도 중생의 씻음(팔링게네시아[*palingenesia*])과 성령님의 새롭게 하심에 관해 말한다. 이는 새로운 탄생의 두 가지 측면, 즉 죄에서 깨끗해지는 것과 하나님의 영으로부터 생명의 새로움을 얻는 것을 가리킨다.

요한도 자신의 복음서에서 잘 알려진 구절인 3장 5-7절에서 바울과 똑같은 생각을 표현한다.

> 사람이 물과 성령으로 나지 아니하면 하나님의 나라에 들어갈 수 없느니라 육으로 난 것은 육이요 영으로 난 것은 영이니 내가 네게 거듭나야 하겠다 하는 말을 놀랍게 여기지 말라.

니고데모는 유대 율법 교사로서, 예수님의 부드러운 꾸짖음 후 거기에 어떤 메시지가 담겼는지 알아차렸을 것이 틀림없다.[21] 재탄생은 언제나 원점으로 돌아가는 것을 가리킨다.[22] 원점으로 돌아가지 않으면 하나님의 나라에 들어가는 게 불가능하거나 그 나라를 아예 '보지도' 못한다. 이는 새로운 탄생에 관해 세 가지 개념을 나타낸다.

1. 새로운 탄생은 삶을 근본적으로 변화시키는 사건으로서, 죄 된 옛 삶은 죽음으로 귀결되기에 새로운 탄생이 필요하다.
2. 어떤 사람이 회심하거나 거듭난다면, 이는 오직 새롭게 하시는 하나님의 은혜의 행위 덕분이다.
3. 인간은 자연적 출생 때 수동적이다. 그래서 위로부터 태어날 때

---

[21] 랍비 유대교에서 개종자가 유대인이 되면 이들을 갓 태어난 아이로 간주했다.
[22] 요 3:3, 5, 6, 7, 8. 요한의 첫 번째 서신에서 새로운 탄생은 하나님의 행위(에크 투 테우[ek tou theou])로 네 차례 언급된다(요일 2:29, 3:9, 4:7, 5:1).

도 신적인 간섭에 의존한다. 자연적 출생 때 우리는 태어나는 쪽에 찬성표를 던지지 않았다. 영적 출생도 하나님의 결정에서 비롯되며 하나님의 영이 하시는 일이다. 요한복음 3장 8절에서는 "바람이 임의로 불매"라는 말로 중생 때 성령님의 하시는 일의 효력과 주권적 성질을 묘사한다.

새로운 탄생은 창조와 부활과 마찬가지로 그리스도 안에 있는 생명의 새로움으로 들어가는 것이다. 그리스도께서 성령님에 의해 죽은 자 가운데서 살아나시고 능력으로 하나님의 아들이라 선언되신 것처럼, 신자들도 영적으로 다시 살아나서 하나님의 새 창조 세계의 일부가 될 때 믿음으로 거듭나서 그분에게로 입양된다. 이 세 가지 개념은 서로 분리될 수 없게 연결되어서, 그리스도를 믿는 믿음이 우리를 안내해 가는 새로운 현실의 광범위한 영역을 묘사한다. 죄, 죽음, 심판은 수용(受容)과 생명으로 대체된다. 왜냐하면 모든 것이 "새것이 되었"기 때문이다. 그리스도와 그분의 은혜를 안다는 것은 우리가 그리스도 안에서 알려지는 것이다.

넓은 각도 시점에서 요약해 보겠다. 이 땅에 오셨을 때 주 예수님은 세상과 다른 자기 나라를 세우셨다. 예수님은 새로운 시작이 있는 나라를 가져오신 왕이시며, 새로운 시작이란 죄와 사망의 노예 상태에서 자유롭게 되는 것을 말한다. 그 나라는 본질상 영적인 나라다. 그 나라에는 영적으로 새로워짐으로써 들어간다. 즉, 새 창조에 대한 소망으로 새롭게 태어남으로써, 생명으로 부활함으로써 들어간다. 그리스도 안에서 하나님께 대하여 살아 있는 사람들은 '그리스도의 몸'을, 즉 새 언약 백성을 함께 이룬다.

시작에서 말씀과 영이 하는 역할

새 창조, 죽음과 부활, 새로운 탄생은 그리스도 안에서 죄로부터 자유롭게 된다는 게 무엇인지 쉽게 이해할 수 있도록 성경의 계시가 극적인 방식으로 보여 주는 그림이자, 영적 갱신이라는 현실의 모형들이다. 우리 눈이 열려 그 변화의 급진적 성격을 보게 됨에 따라, 우리의 제한된 이해에 눈높이를 맞추기 위해 하나님은 자신이 하시는 일을 이런 식으로 계시하기로 하신다. 하나님이 일시적 시간과 역사의 현실 속에서 행동하실 때마다 하나님의 임재와 사역은 우리에게 신비로 다가온다. 실제로 어떤 일이 일어났는가? 하나님은 어떻게 이 일을 행하셨는가? 하나님을 대하는 우리의 마음 자세를 어떻게 변화시키실 수 있었는가? 이런 일이 일어났음을 아는 것과 별개로, 이런 질문에 답변하고자 할 때 우리는 그다지 멀리 나가지 못한다. 이런 이유로 성령님은 그림을 보는 듯한 서술로 하나님의 일을 계시하기로 하셨다.

이런 시작에 관해 우리가 더 할 수 있는 말이 있는가? 물론 있다.

갱신 사역 때 말씀과 영의 관계를 좀 더 깊이 살펴볼 수 있다. 이 문제는 해결의 빛을 비춰 주기보다는 논쟁의 열기를 부추기는 경향이 있지만, 사실은 아주 간단하다. 자기 앞에 구원의 좋은 소식이 명쾌하게 제시되는 것을 난생처음 들어 보는 사람들을 생각해 보라. 이들은 말씀을 듣는다. 그리고 이 말씀을 듣고 이들이 구원에 이르는 믿음을 갖게 된다면, 이는 성령님도 일하고 있었음을 의미한다. 그래서 이 일에는 말씀과 영 모두가 관련된다. 하지만 어떤 순서로 관련되는가? 어느 쪽에 우선순위가 있는가? 말씀이 직접적으로 역사하고 영은 그 뒤에 따르는 믿음으로써 이 일을 인(印) 치시는가? 아니면 말씀을 듣기에 앞서 영이 먼저 일하시는가?

이 모든 것은 닭이 먼저냐, 달걀이 먼저냐 하는 문제 같을지 모른다. 이런 질문들을 이해하기 위해서는 성경적으로 접근하려 해야 한다. 말씀과 영의 관계를 이해하기 위해서는 다음 네 가지를 고려해 보는 게 도움이 된다.

1. 우선, 좋은 소식을 듣는 사람들은 그냥 무작위의 '사람들'이 결코 아니다. 이들은 언제나 하나님께 대해 눈멀고, 귀먹고, 말 못 하는 죄인들이다.[23] 이들은 가장 명민한 사람들일지 모르나, 영적으로는 시체에 지나지 않는다. 시체를 향해 말을 할 수

---

23) 요 9장에서 눈먼 사람이 예수님께 치유 받은 일은 이 사실을 충분히 설명해 주는 한 가지 사례다.

는 있지만, 아무리 말해 봐도 반응은 없을 것이다. 영감받은 하나님의 말씀도 그 모든 진리에도 불구하고 효과가 없다. 육신을 입은 진리가 자기 앞에 서 있는데도 빌라도가 이를 알아보지 못한 것과 마찬가지다. 앞에서 언급한 씨 뿌리는 자 비유와 두 집 비유에서 보면, 영이 길을 예비한다. 씨앗을 받아들이기 위해 땅이 부드럽게 갈리고, 집의 기초가 놓일 수 있도록 터가 파인다. 타락한 세상에서는 말씀과 관련해 하나님의 영이 **논리적** 우선권을 가져야 한다. 비록 **시간상으로는** 영과 말씀이 동시에 작동할 수 있지만 말이다. 그 이유는, 영이 '순전한' 신적 실체인 반면, 영감받은 말씀은 신적인 것과 인간적 요소가 '어우러지기' 때문이다. 성경의 영감 면에서도, 사람의 중생 면에서도, 말씀의 능력은 영에게서 나온다.

2. 성경에 이에 대한 근거가 있는가? 확실히 이는 중요한 질문이다. 이와 관련해서는 특히 두 가지 본문을 참고할 수 있는데, 베드로전서 1장 23절과 요한일서 3장 9절이다.

> 너희가 거듭난 것은 썩어질 씨로(에크[ek]) 된 것이 아니요 썩지 아니할 씨로 된 것이니 살아 있고 항상 있는 하나님의 말씀으로(디아[dia]) 되었느니라.

> 하나님께로부터 난 자마다 죄를 짓지 아니하나니 이는 하나님의

씨가 그의 속에 거함이요 그도 범죄하지 못하는 것은 하나님께로부터 났음이라.

첫 번째 본문에서 베드로는 중생이 어떻게 일어나는지를 길게 논하지 않고 중생의 불멸하는 성격을 강조한다. 베드로는 씨앗과 말씀의 밀접한 관계에도 불구하고 이 둘을 구별한다. 이 구별은 이 구절에 쓰인 두 전치사가 다르다는 데서 볼 수 있다. 신자들은 영의 불멸하는 역사로써(에크[ek], ~으로), 그러나 살아 있는 하나님의 말씀을 통해(디아[dia], ~덕택으로) 중생한다. 이는 미세한 구별이다. 말씀은 중생이 일어나는 수단이지만, 영이라는 씨가 이를 준비하는 요소다. 그래서 영은 중생의 **유효한 원인**(effective cause)이요, 새 생명의 기원이자 원리인 반면, 말씀은 새로운 탄생이 일어나는 **도구적 수단**(instrumental means)이다. 마찬가지로, 요한일서 3장 9절에서 보다시피, 신자가 '죽음에 이르는 죄'를 지을 수 없음은 이들이 영이라는 씨로써 하나님에게서 다시 태어났기 때문이다.

3. 말씀과 영은 절대 분리될 수 없다. 말씀과 영 모두 새 생명으로 들어가는 데 없어서는 안 되고 분리될 수 없는 것으로 여겨져야 한다. 이것이 『기독교강요』에 제시된 장 칼뱅의 입장이다.

하나님의 영은 성경에 표현된 진리와 정연히 결합하고 연합되어 있기 때문에 말씀을 합당한 정중함으로 받아들이면 그분의 능력을 명백히 알 수 있다. … 주님은 자기 영과 자기 말씀의 진리를 서로 연합시켜 직조(織造)해 오셨다. 우리의 이해력이 이 말씀을 순종적으로 받아들일 때 우리는 하나님의 얼굴을 볼 수 있게 해 주는 영의 빛을 본다. 또한 오류에 대한, 혹은 오류에 빠질 두려움 없이 하나님의 영을 받아들이면, 그분의 형상, 즉 그분의 말씀 가운데서 그분을 인식한다.[24]

칼뱅은 미세한 균형을 주장한다. 즉, 말씀은 영과 분리되지 않고, 영도 말씀과 분리되지 않는다. 이와 동시에 말씀과 영은 서로 구별된다. 칼뱅은 닭이 먼저냐, 달걀이 먼저냐는 질문을 다루는 게 아니다. 후대의 개혁파 신학자들은 인간 중심의 회심론에 답하기 위해 이 주제를 더 깊이 파고들었지만, 이 문제가 그런 식으로 칼뱅의 머릿속을 스쳐 지나가지는 않았을 것이다.[25]

4. 두 가지 위험성이, 말씀과 영의 관계 문제가 왜 시작과 관련해 중요한지 그 이유를 보여 준다. 이 문제는 실제적인 결과를 낳

---

[24] John Calvin, *Institutes of the Christian Religion*, I.9.3. 필자의 번역. 이 인용문에는 칼뱅의 칼케돈 신학이 드러나 있다.
[25] 찰스 핫지, 로버트 L. 데브니, 아브라함 카이퍼, 헤르만 바빙크, 루이스 벌코프, 존 머리가 여기 포함된다. 최근까지도 이들 거의 모두가 '직접적' 중생, 즉 영이 논리적으로 말씀에 앞서는 방식으로 행동하신다는 쪽에 서 있다. 벤저민 B. 워필드는 영과 말씀의 이중적 작용이라는 '등위적' 견해 편으로, 칼뱅에 더 가까운 입장이다.

는다. 즉, 두 요소가 서로를 보완하는 것으로 보이기보다 둘 중 하나가 다른 하나에 의해 가려질 수 있는 것이다.

먼저, 말씀이 회심에서 가장 중요한 요소로 여겨질 경우, 성령님의 역사를 위한 길을 준비할 때 논증과 증명이 매우 중요하게 될 것이다. 죄를 자각시키기 위한 훌륭한 추론과 논리적 증명의 역할을 역설하고 싶은 마음이 들 것이다. 이런 지적 작업이 끝나면 가장 중요한 부분이 끝난 셈이 된다. 이 방식은 성령님의 역사에 직접적으로 의지하라고 권면하지 않는다. 또한 믿음이란 것이 우리가 참여할 수 있는 일련의 올바른 진술에 단순히 동의하는 것으로 의미가 축소될 위험이 있다. 하지만 신앙이란 무엇보다도 그리스도를 의지하는 것, 그분에 대한 신뢰와 확신이다.

반면, 영에 우위가 주어질 경우, 영을 '느낄 수' 있도록 사람들을 감동시키는 것이 유리한 입장이 된다. 말씀에 진지한 태도를 보이는 것이 중요한데 이것을 부차적으로 생각할 위험이 있다. 적절한 감정을 갖는 것이 믿음의 길이라고 생각하기 쉽다. 믿음이란 감명을 받고 그에 대해 기분 좋은 느낌이 되는 문제가 된다. 교화주의(Illuminism)가 여기서 우리가 피해야 할 위험이다. 회심에 정신의 교화가 포함된다면, 그리고 믿음이 그리스도께 대한 생생한 신뢰라면, 이 둘은 성경적 진리에서 절대 분리되지 않는다.

이것이 바로 칼뱅이 두 가지 요소로 시작에 접근해야 한다고 역설한 이유다. 구원에 이르는 믿음에서 영적 각성은 지적 자각도 교화주의도 아니다. 성경적 가르침에 비추어 우리는 영적 각성을 이 두 가지와 구별해야 한다. 믿음은 말씀과 영을 동등하게 포괄한다. 그럼에도, 우리가 죄인이기 때문에 영은 스위치를 돌려서 우리 마음을 바꾸시고 우리 마음의 눈을 열어 말씀의 진리를 포용하게 하신다.[26]

삶에서 죽음인가, 죽음에서 삶인가?

영화 "라이온 킹"(The Lion King)에 나오는 엘튼 존의 노래 "서클 오브 라이프"(Circle of life) 가사를 보면, 운명의 수레바퀴는 "끝없이 돌아가며 크고 작은 원을 그린다"고 한다. 이는 이교적 인생관이요, 빤한 거짓말이다. 원(圓)은 시작도 끝도 없고, 영원한 회귀이며, 업(業)을 짊어진 환상이다. 이런 인생관이 참이 아닌 이유는, 우리는 당연히 죽고 우리에게 더는 존재하지 않는 삶의 순환 고리에서 떨어져 나오기 때문이다. 많은 이가 그 삶의 순환 고리가 계속 굴러간다고 생각하는 이유는, 우리가 사람들의 기억 속에서 살아남기 때문이다.

---

[26] 말씀과 영의 관계를 대조 관점에서 더 깊이 논의하는 자료로는 Stuart Olyott, *Something Must Be Known and Felt*(Bryntirion Press, EMW, 2014), Ralph Cunnington, *Preaching With Spiritual Power: Calvin's Understanding of Word and Spirit in Preaching*(Christian Focus, Mentor, 2015)을 보라.

사람들은 사랑하는 이가 죽으면 "옆방에서" 어떤 식으로든 "살아 있는 사람들을 지켜 준다"고 한다. 이는 사실도 아니고 그다지 만족스럽지도 않다. 영화감독 우디 앨런은 이런 말로 정곡을 찔렀다. "나는 내 영화 작업을 통해 불멸을 이루고 싶지 않다. 나는 내 나라 사람들의 마음속에 계속 살아남고 싶지 않다. 나는 내 아파트에서 계속 살고 싶다."

기독교의 인생관은 좀 가혹하게 보일지 몰라도 매우 현실적이다. 우리는 어린아이가 젖을 떼듯 달콤한 감상적 속임수를 버려야 한다. 인생은 순환하는 원이 아니라 두 개의 직선이다. 첫 번째는 삶에서 죽음으로 가는 직선이고, 두 번째는 죽음에서 삶으로 가는 직선으로, 두 번째 선이 첫 번째 선에 끼어들어 가로지른다.

시작은 매우 중요하다. 우리는 다 삶에서 죽음으로 가는 선 위에 있다. 모든 인간이 인류 최초의 그 부부와 원죄로 돌아가는 것처럼. 죽음은 우리 인간의 운명이며, 이 운명은 사람을 가리지 않는다. 하지만 이 직선은 죽음에서 삶으로 가는 직선과 교차한다. 예수님이 인간의 실존으로 들어오신 것은 우리의 죽음을 친히 취하기 위해서이며, 죽으심으로써 예수님은 자신과 함께하는 삶으로 우리를 구원하셨다. 예수님은 자신의 부활로 새 창조 세계를 여셨다. 왜냐하면 예수님 자신이 그 새 창조 세계이기 때문이다. 예수님 안에서 우리는 생명을, 영원한 생명을 소유한다.

시작이 옳을 때, 그리고 시작이 올바르다면 우리는 그리스도인다운 삶으로 가는 길에서 제대로 출발하는 것이다. 우리는 죽음으로 가는 길에서 내려와, 그리스도 안에서 시작하는 생명의 길로 들어선다.

생각하기

1. 그리스도인의 삶에서 시작은 왜 중요한가?

2. 성경에서 다른 모든 것의 열쇠인 중요한 시작의 두 가지 예를 들어 보라.

3. 우리의 세상에서 최초의 반(反) 창조 행위는 무엇이었으며, 그 결과는 무엇인가?

4. 복음서에 따르면, 예수님은 어떻게 새 시작이 임하게 하시는가? 이것이 그리스도인의 삶의 초점인 이유는 무엇인가?

5. 하나님은 자기 백성을 구원하실 때 어떻게 그 백성을 심으시는가?

6. 포도나무와 감람나무에 관해 무엇을 알게 되었는가?

7. 세상으로부터의 탈(脫)상황화가 왜 중요한가?

8. 그리스도 안에 심기는 것을 나타내는 성경의 이미지 세 가지를 제시할 수 있는가?

9. 신자로서 나의 시작은 어떠했는지 이야기해 보라.

10. 시작에서 말씀과 영의 관계는 무엇인가?

11. '삶의 순환 고리'라는 개념은 무엇이 잘못되었는가?

02

뿌리 내리기

주제: 성장의 두 번째 단계는 땅에 심긴 씨가 뿌리를 내리는 단계다. 신자들은 그리스도 안에 뿌리를 내린다. 포도나무 가지처럼 신자들은 그리스도에게 접붙여져서 그분의 생명을 함께한다. 그리스도의 생명이 이들에게 흘러 들어감에 따라 이 생명은 이들의 것이 된다. 이는 안정성과 성장을 촉진한다. 그리스도 안에 뿌리를 내린다는 것은 하나님의 백성 안에 터를 잡는다는 뜻이다. 성경의 교리는 구원이라는 하나님의 능한 행위에 관한 내용이다. 하나님은 자신의 영원한 목적에 따라 그리스도 안에서 자기 백성을 구원하시고 연합시키신다. 그것이 바로 성경적 뿌리가 절대적으로 중요한 이유다.

씨를 심는 것도 중요하지만, 심기에 이어 장기간 뿌리를 내리는 과정이 있어야 한다. 튼튼한 뿌리가 없으면 식물은 불안정하다. 치아 이식은 예쁜 미소를 안겨 줄 수 있을지 몰라도 턱뼈 뿌리가 제대로 지지를 해 주지 않으면 저녁 식탁에서 고기 한 점 씹다가 그 미소와 작별하게 된다. 뿌리 내리기가 심기만큼 성장에 중요한 이유는, 뿌리가 있어야 안정성이 생기기 때문이다.

그리스도인의 삶이 어떤 삶인지를 설명할 때 이 문제가 이따금 소홀히 다루어진다. 성화와 성숙에 대해서는 많이 이야기하지만, 뿌리 내리기 자체에 대해서는 그다지 많이 이야기하지 않는다. 신앙고백을 해 놓고도 뿌리가 뽑혀 길가에 쓰러지는 사람들이 있는 이유는 아마 이것으로 설명이 될 것이다. 그래서 이 장에서는 그리스도 안에 뿌리를 내린다는 것이 무슨 의미인지 살펴보겠다.

뿌리 내리기는 바울의 후기 서신들에서 몇 번 언급된다.

> 그(성부 하나님)의 성령으로 말미암아 너희 속사람을 능력으로 강건하게 하시오며 믿음으로 말미암아 그리스도께서 너희 마음에 계시게 하시옵고 너희가 사랑 가운데서 **뿌리가 박히고 터가 굳어져서** 능히 모든 성도와 함께 지식에 넘치는 그리스도의 사랑을 알고… 하나님의 모든 충만하신 것으로 너희에게 충만하게 하시기를 구하노라.

> 그러므로 너희가 그리스도 예수를 주로 받았으니 그 안에서 행하되 그 안에 **뿌리를 박으며 세움을 받아**… 믿음에 굳게 서서….[1)]

뿌리 내리기는 성부, 성자, 성령 삼위일체가 함께 이루는 일이다.

---

1) 엡 3:16-19, 골 2:6-7. 엡 2:21도 보라. 이 구절에서는 그리스도에게로 자라고 그분과 함께 세워지는 것이 교회 전체의 현실임을 알 수 있다.

신자는 예수 그리스도 주님, 부활하여 하늘에 계시는 메시아 **안에** 있다. 뿌리 내리기는 하나님 아버지의 은혜**로부터** 오며, "하나님의 충만"을 목표로 한다. 뿌리 내리기는 성령님**에 의해** 이루어진다. 영은 그리스도가 우리에게 임하게 하며 우리가 그리스도에게로 향하게 한다. 그리스도께서는 믿음으로써 우리 안에 거하시며, 그래서 우리는 그리스도의 사랑을 인격적으로 체험한다. 영의 사역으로써 하나님은 신자들을 그리스도 안에 심어서 이들이 그리스도와 합하게 하시며 그리스도와 교제하는 기쁨을 알게 하신다.

우선 신약성경이 이를 어떤 식으로 설명하는지 살펴보고, 이어서 영께서 무엇을 수단으로 하여 우리가 그리스도 안에 깊이 뿌리 내리게 하시는지를 알아보자.

그리스도와 하나 됨

신자와 주 예수님과의 하나 됨은 신약성경에서 여러 가지 비유로 제시된다. 그리스도는 신자 안에 살고 거하시며, 신자는 그리스도 안에 존재한다. 이는 마치 한 몸의 머리와 지체, 남편과 아내, 혹은 모퉁잇돌과 건물 같다. 이런 비유들은 예수님이 자신을 우리의 인성에 연합시키셨고 그 결과 우리가 예수님께 연합한다는 사실을 나타낸다.

이 관계는 다양한 방식으로 서술된다. 여기서는 그중 세 가지, 접붙임·참여·양자 됨에 대해 살펴보겠다. 그리스도에게 접붙여지면 우리는 그분 안에 뿌리 내리게 된다. 이는 생명력 있는 연합, 그리스도 안에 있는 신자의 새 생명의 근원을 나타낸다. 그리스도의 생명에 참여한다는 것은 그분의 몸 안에서 나누는 교제(코이노니아[koinōnia])를 말한다. 양자 됨은 우리가 그리스도와 하나라는 사실을 뒷받침하는 하나님의 행위다.

이 세 가지 개념으로 표현되는 신자와 그리스도와의 관계의 깊이는 핵심적인 성경 본문 세 가지로 설명된다.

그리스도에게 접붙여짐: 요한복음 15장 1-11절

신자들은 참 포도나무에 접붙여진다(1절). 신자들이 생명을 유지하는 데 필요한 수액(樹液), 영적 생명과 힘은 오로지 그리스도에게서만 온다. 예수님이 아니면, 예수님과 떨어져서는, 이들은 아무것도 아니다(5절). 예수님에게 연합한 이들은 예수님에게서 생명력을 끌어온다. 어떻게 그렇게 되는가?

남부 프랑스에서 여러 해 사는 동안 나는 포도원에서 일하는 사람들 몇몇과 알고 지냈다. 그래서 포도 농사에 대해서도 조금 알게 되었다. 내가 가 본 어떤 교회의 장로님은 그 지역 '창고 조합'의 조합장이었는데, 포도 관련 정보와 생산 자체를 알 수 있는 훌륭한 소식통이었! 접붙이기를 해 주지 않으면 포도나무는 계속 '들 포도나무' 상태여서 사람이 먹을 수 있는 포도 열매를 맺지 못한다고 했다.

집 앞 아치형 현관에 그늘을 드리워 주는 용도로는 키울 수 있지만, 포도 열매 수확용으로는 적당치 않다고 한다. 열매를 맺는 포도나무는 뿌리줄기를 베어 가르고 그 자리에 가지를 끼워 맞춘 뒤 잘 묶어 주는 방식으로 만든다. 예수님이 "나는 포도나무요 너희는 가지"라고 말씀하셨을 때, 제자들은 그 말씀이 무슨 뜻인지 정확히 알아들었을 것이다. 그리스도께서는 우리가 자신에게 접붙여질 수 있도록 '베여야' 한다. 열매를 맺기 위해 우리는 그렇게 그분의 죽음에 접붙여지고 그분의 부활로부터 생명을 받는다.

영적 생명은 접붙임에서 흘러나오며, 이는 그리스도 안에 뿌리를 내리는 것을 보여 주는 한 이미지다. 신자들은 성령님의 역사의 결과로서 믿음으로 그리스도에게 매인다. 이에 대해서는 세 가지 설명이 있을 수 있다.

- 우리는 포도나무이신 예수님에게서 떨어져서는 생명이나 능력을 가질 수 없다.
- 예수님 안에 뿌리 내릴 때 우리는 '포도원 농부'이신 성부의 손에 재배되고 가지치기된다.
- 열매는 성령님의 역사를 통해 우리가 그리스도 안에 거하고 그리스도께서 우리 안에 거하실 때 맺힌다.

열매 맺는 포도나무는 이렇게 그리스도에게 접붙여지고, 믿음으로 그분에게 매이며, 그분 안에 뿌리를 내려 수액을 공급받는다. 그리스도 안에 있는 삶은 우리가 그분 안에 뿌리 내릴 때 시작된다. 실질적 생명은 다른 어디에서도 찾을 수 없다. 좋은 열매는 참 포도나무에 뿌리를 내린 가지에서만 맺힐 수 있다.

이런 비유의 깊이를 알면 그리스도의 일부가 된다는 것, 그분 안에 산다는 것, 그리고 날마다 그분께서 힘을 북돋아 주신다는 것이 얼마나 엄청난 특권인지 깨닫는 데 도움이 된다. 놀라운 사실은, 그리스도께서 우리 안에 사시고 성령님이 우리를 능력 있게 하실 때 하나님이 우리 안에서 일하고 계신다는 것이다. 이 사실이 얼마나 큰 평안과 행복을 안겨 주는가!

그리스도께 참여하기: 로마서 6장 1-11절

앞 장에서 우리는 새 생명의 시작과 관련해 로마서 6장에 관해 이야기했다. 그런데 여기에는 그 이상의 관점이 있다. 사도 바울은 신자가 어떻게 함께 그리스도와 하나가 되고 그리스도께서 하신 일에 참여하는지를 설명한다. 우리가 겪는 일은 그리스도께서 겪으신 일을 영적인 방식으로 반영하고 뒤따른다. 우리의 믿음이 그리스도께서 하신 일의 모범을 따르고 그 일로 본을 삼음에 따라, 그분에게 정말로 일어난 일이 우리 안에 영적으로 반영된다.

운동 경기를 할 때 우리는 팀 동료와 하나가 되어 한 몸으로 움직인다. 동료들이 하는 행동을 나도 하고, 이런 움직임은 경기가 끝날 때까지 계속된다. 하지만 바울의 '경기'는 경쟁하는 경기가 아니라 건설적인 경기다. 그리스도께서 언제나 가장 먼저 움직이시고, 그분과 함께 이 움직임에 참여함으로 우리는 그분과 더불어, 그리고 그분에게 반응한다.

로마서 6장 2-8절은 우리가 그리스도와 하나가 되는 여러 다양한 방식 중 몇 가지를 설명한다. 예수님은 우리를 위해 죽으심으로써 우리를 깨끗하게 하시고 우리를 자신과 함께하는 참여자로 만드심으로써 우리에게 새 생명을 주신다. 우리가 예수님과 하나가 될 때, 그분의 죽음과 그분의 부활 생명의 보이지 않는 능력이 우리 안에서 현실이 된다. 우리는 그분과 함께 죽고 다시 산다. 그리스도 안에 있는 새 생명은 그분 안에서의 부활에 대한 소망을 준다. 그리스도 안에서 세례는 그분의 은혜를 함께 나눌 수 있게 한다. 이는 우리가 그분 안에서 죄에 대해 죽고 우리를 속박하는 죄의 사슬에서 자유롭게 된다는 사실로 다시 표현할 수 있다. 그리스도인은 죄에 대해 죽는 십자가를 짊으로써 그리스도의 죽음에 참여한다는 증거를 보인다. 이 일에는 우리가 그리스도와 하나가 되어 그분에게서 썩지 않는 생명을 받는다는 사실을 반영하는 새 생명이 수반된다.

죄에 대해 죽고 그리스도 안에서 새 생명을 얻는다는 것은 신자에게 기차 궤도와 비슷하다. 기찻길을 쭉 바라보면 선로가 영원까지 함께 뻗어 나가는 것을 볼 수 있다. 죄에 대해 죽기와 그리스도 안에서 새 생명 얻기라는 선로는 서로에게서 절대 떨어질 수 없다. 예수님이 우리를 위해 길을 놓으셨기 때문이다.

바울이 쓰는 표현들은 그리스도의 죽음과 부활, 그리고 그 단 한 번뿐인 행위에서 우리가 그리스도와 동일시되는 것을 이런저런 방식으로 언급한다. 그리스도는 "우리가 범죄한 것 때문에 내줌이 되고 또한 우리를 의롭다 하시기 위하여 살아나셨"다.[2] 그분의 죽음은 우리 육체의 죄성을 멸하고 타파하며, 부활은 우리의 내적 본성을 새롭게 한다. 우리의 죄가 처리되지 않고는 그리스도와의 연합은 불가능하다. 죄 문제가 해결되고 그리스도와 연합할 때 우리는 이를 바탕으로 그분에게 의롭다 여김 받는다. 그렇게 될 때 그리스도의 성화의 능력이 우리 삶으로 흘러 들어온다. 이 모든 것은 신자가 그리스도와 하나가 되고 그분을 '소유'하기 때문이다.[3]

죄에서 정결하게 되는 것은 칭의의 결과다. 그리스도께서는 우리에 대한 하나님의 심판을 자신이 감당하시고 우리 죄를 없애기 위해 값을 치르셨다. 새로운 삶은 성화 및 그리스도의 은혜 안에서의 성장으로 표현된다. 신자들은 이 두 가지 은혜를 모두 받는데, 이는 이들이 그리스도 자체를 가졌고 그분에게 속한 것도 가진 까닭이다. 그러므로 신자로서 나에게 성화 없는 칭의, 혹은 칭의 없는 성화는 있을 수 없다.[4]

---

[2] 롬 4:25.
[3] John Calvin, *Institutes of the Christian Religion*, III.16.1. 이 '소유'는 그리스도와의 관계에서 칭의 및 성화와 함께 '삼각관계'를 형성한다.
[4] 칭의와 성화 모두 믿음에 의한 것이지만, 믿음이 두 경우 모두 동일한 방식으로 작용하지는 않는다. 칭의는 믿음이 칭의의 도구로서 존재할 때 우리에게 전가(부여)되는 반면, 성화는 우리 안에서 칭의

이는 예수님이 십자가에서 죽어 가는 도적을 향해 "오늘 네가 나와 함께 낙원에 있으리라"라고 말씀하실 수 있었던 이유를 설명해 준다. 구원은 우리를 구원하시는 그리스도 안에서 완성되고, 하나님은 그리스도의 공로를 통해 우리를 받아들여 주신다.[5] 우리의 구원은 그리스도를 믿는 믿음으로써 은혜를 통해 얻는 것이기에 지금 이 순간보다 더 실제적이거나 온전하거나 완전할 수 없다. 이를 알면 우리의 연약함과 우리의 계속적 죄성에도 불구하고 큰 확신을 갖게 된다. 그리스도의 은혜는 중단 없이 주어지는 선물이다. 이보다 더 놀라운 일을 상상할 수 있겠는가?

그리스도 안에서 양자 됨: 로마서 8장 13-17절

그리스도와의 연합은 모든 관계 중 가장 친밀한 관계다. 신자들이 포도나무이신 그리스도에게 접붙여질 때 그분과 생명을 나누는 일에 참여하게 되는 것은 그분이 신자에게 내주하시기 때문이다. 그뿐만이 아니다. 그리스도와 하나가 됨으로써 우리는 그분의 **신분**에도 참여한다. 이 사실만큼 그리스도 안에 확고하게 뿌리 내릴 수 있는 것은 없다.

이렇게 그리스도와의 친밀한 연합에는 그분의 아들 신분을 함께

의 결과를 도출해 내시는 성령님이 주입됨으로 말미암아 믿음으로써 받는다.
5) 그리스도의 공로는 그분의 능동적 순종(그리스도는 완전한 삶을 사셨다)과 수동적 순종(그리스도는 무죄한 죽음을 죽으셨다)을 통해 완성된다. 우리는 그분의 능동적 순종 못지않게 수동적 순종에 의해서도 구원받는다.

나누는 것도 포함된다. 그리스도와의 연합과 칭의의 결과로서 그리스도 안에서 양자 됨 사이에는 연결 고리가 있다. 본래 우리는 하나님 가정의 일원이 아니라 진노의 자녀들이다.[6] 그리스도 안에서 우리는 하나님의 가정으로 입양되어 하나님의 아들들이 된다. 칭의를 통해 우리는 심판자 하나님에게 사함 받는다. 양자 됨을 통해 우리는 성자 덕분에 성부의 아들들이 된다.[7]

로마서 8장은 바울 사도가 칭의를 다루는 위대한 5장과 6장의 뒤를 잇는 내용이다. 이 내용은 새 생명의 존재와 신자가 그리스도 안에서 누리는 확신을 보여 주는 일련의 리트머스 시험지다. 그리스도께 대한 신뢰는 아들 됨을 인식하게 해 주시는 성령님의 인도를 통해 온다. "무릇 하나님의 영으로 인도함을 받는 사람은 곧 하나님의 아들이라 [그리고] … 양자의 영을 받았으므로 우리가 아빠 아버지라고 부르짖느니라"(14-15절).

믿음의 확신은 성령님의 특별한 사역에서 온다. 성령님은 과거에서부터 미래에 이르기까지 모든 죄를 용서하시는 아버지로서의 하나님의 은혜를 신자들에게 인식시킨다. 성령님은 기도 중에 신뢰를 더 담대하게 하시고, 그래서 신자들은 아들로서 성부에게 부르짖는다. 신자들은 더는 노예가 아니며, 다시 노예 상태로 빠져들지도 않

---

6) 엡 2:1-10.
7) 바울은 아들 신분(sonship)의 법적 측면에 관해 이야기하고 있다. 그리스도 안에서 '딸들'도 동일한 법적 신분을 갖는 이유는 딸들도 하나님의 "아들들"이기 때문이다. 비록 오늘날의 우리에게는 이상하게 보일지 몰라도 말이다.

을 것이다. 이제 이들은 하나님의 가정의 일원이기 때문이다. 그것이 신자들의 신분이자 호칭이다.[8]

아들로 입양되는 것은 성령님의 특별한 사역으로, 신자들이 그리스도 안에 뿌리 내리게 한다. 구원에는 하나님을 아버지로 소유하는 것뿐만 아니라 하나님의 자녀로 하나님에게 입양되는 것도 포함된다. 더 놀라운 것은, 성자 예수님과 함께 기업을 물려받는다는 것이다. 신자들은 성자와 더불어 하나님의 아들들이다. 성부께서 이들의 신분을 보실 때는 자신의 친아들과 하나가 된 자들로 보신다. 예수님은 친아들이고, 신자들은 하나님이 입양하신 아들들이요, 상속자들이다.

17절에는 첨언 된 내용이 있다. "그리스도와 함께 한 상속자니 우리가 그와 함께 영광을 받기 위하여 고난도 함께 받아야 할 것이니라." 하나님의 기업이 우리 것임은, 은혜로써 하나님이 우리를 자기 자녀로 입양하셨기 때문이다. 우리는 그리스도의 희생의 모범을 따름으로써 그리스도와 한편이 되어 그 기업으로 들어가라고 부름 받는다.

그리스도인의 삶에는 지켜야 할 순서가 있다. 성자께서 이루신 구속 덕분에 양자의 영이 주어진다. 믿음으로써 구원을 확신하고, 죄에 맞서 싸우며, 신뢰하고 기도하는 체험은 영의 증언과 더불어 온다. 이러한 사실들이 신자를 그리스도와 하나 되게 하여 그분의 기업을 받게 한다.

---

[8] 롬 8장은 "결코 정죄함이 없나니"에서부터 "다른 어떤 피조물이라도 우리를 우리 주 그리스도 예수 안에 있는 하나님의 사랑에서 끊을 수 없으리라"에 이르기까지 신자의 확신을 고무시키는 많은 이유를 제공한다.

뿌리 내리기

접붙임, 그리스도에게 참여함, 양자 됨은 우리를 하나님의 자녀로 만들어 준다. 하지만 뿌리 내리기 비유에는 우리 쪽에서 마땅히 해야 할 어떤 일이 있는가? 우리는 그저 수동적으로 있을 뿐인가? 신자로서 우리는 어떻게 이 뿌리 내리기 과정을 인정하고 우리 것으로 만들 수 있는가?

요한복음 15장에는 이 질문에 대답할 수 있는 실마리가 있다. 3절에서 가지치기에 관해 이야기하던 예수님은 제자들에게 이렇게 말씀하신다. "너희는 내가 일러 준 말로 이미 깨끗하여졌으니." 이 말씀의 한 가지 가능한 의미는, 제자들은 그리스도에게 접붙여졌을 때 이미 가지치기를 경험했다는 것이다. 이들은 그리스도의 말씀으로 어린 가지처럼 깨끗해졌다. 혹은 잘라 내졌다. 복음의 진리는 뿌리 내리기를 방해하는 것을 잘라 없애는 포도원 농부의 칼과 같다. 예수님이 제자들에게 하시는 말씀에는 깨끗하게 하는 능력이 있으며, 이 능력이 접붙임을 도와주어서 포도나무 수액이 가지들로 맥박 치듯 흘러 들어갈 수 있다. 열매를 많이 맺는 가지는 그리스도의 가르침에 뿌리를 내림으로써 그분에게 접붙여진다.

그리스도의 가르침 혹은 교리, 구속하시는 분으로서 그리스도의 위격과 사역의 의미에 담긴 교훈은 믿음에 뿌리 내리고 그 결과로 안정성을 얻는 데 없어서는 안 될 만큼 중요하다. 건전한 성경적 가르침은 신자가 그리스도 안에 뿌리 내리도록 하려고 성령님이 쓰시는 수단이다. 우리는 이 가르침을 받아들이고 이를 우리 자신에게 적용하고 이 가르침을 즐거워하며 그분 안에 견고히 뿌리 내리라고 부름 받았다.

상습 용의자(The usual suspect)

어떤 진영 사람들은 교리라는 말을 입에 올리면 곧장 흥미를 잃는다. 이들은 교리라는 개념에 알레르기가 있고, 교리에 면역 반응을 보이며, 로마 가톨릭 신앙과 연관된 교의에 대해서는 특히 더 그렇다. 이들은 믿음을 생각하기보다는 믿음을 느낀다. '머리로 아는 지식'은 위험하다고 여긴다. 이런 편견을 줄이기 위해 나는 교리라는 말보다는 성경의 '가르침'이라는 말을 쓰겠다.

교리에 대한 이런 의심에는 여러 가지 이유가 있다. 그중에는 이해할 만한 이유도 있고, 이해가 안 되는 이유도 있다. 자유주의 신학은 한 세기가 훨씬 넘는 동안 기독교 관련 표어들을 외견상 독점해 왔다. 주류 교회들의 지도자는 불신앙으로 이어지는 이런 불안정한 길을 추종해 왔고, 이제는 워키즘(wokeism: '깨우다'라는 뜻의 영어 단어 '웨이크'[wake]의 과거분사형에서 유래된 말. 워크는 '각성한', '깨어 있는'이라는 뜻으로, 본래 사회의 불의를 인식하고 있다는 긍정적 의미로 사용되었으나 보수 진영에서 지나친 정치적 올바름[political correctness]에 빠진 사람들을 비꼬는 말로 이 표현을 사용하기 시작했다–역주)을 망설임 없이 포용한다. 이 사람들이 하는 말은 매체에서 자주 인용한다. C. S. 루이스는 1959년 "양치류 씨앗과 코끼리"(Fern seeds and elephants)라는 평론에서 성경적 신앙에 대한 이들의 비판적 자세를 다루었다. 루이스는 "양치류 씨앗은 보면서 대낮에 10미터 밖에 있는 코끼리는 안 보인다고 하는" 신학자들을 공격했다. 신화 전문가인 루이스가 생각하기에 성경을 신화라고 부르는 비평가들은 신화가 무엇인지, 신화가 어떻게 작동하는지 도무지 모르는 사람들이었다.

게다가 에큐메니컬 운동은 "교리는 우리를 분열시키고 섬김은 우리를 연합시킨다"는 자세를 장려하고, 이 표어는 파도치는 바다에 기름이 튀듯 퍼져 나간다. 이런 자세는 복음주의자들 사이에 지성주의에 대한 이해할 만한 두려움이 생겨나는 원천이 되었다. 더 나아가, 많은 이가 신학 자체를 위험한 것으로 생각한다. 그래서 모든 문제에 대해 처음부터 실용적인 태도를 보임으로써, 숨어 있는 늑대들을 우회하려고 한다. 신학은 연합시키기보다는 분열시킨다고들 생각한다. 신학은 충성스러운 교회 안으로 불신앙을 몰래 들여오는 트로이의 목마라는 것이다.

성경의 가르침이 신앙의 근간이어야 하지만 복음주의 배경을 지닌 청년 중에는 이런 기초가 없는 이들이 많다. 이들은 학교 교육과 주변 환경이 조장하는 탈(脫)진리 가치관에 거의 대비가 안 되어 있어서 자기도 모르는 사이에 그 가치관에 굴복하고 만다. 성경의 가르침에 뿌리 내린 게 전혀 없는 이들은 세상에서 기독교 신앙의 가치와 '교차하는' 윤리적 난제 때문에 세상의 조류에 이리저리 떠다니는 경향이 있다.

MTD라는 약어는 미국인 청소년들의 영적/종교적 태도를 정의하는 말로 만들어졌지만, 이 말은 서구 세계 전반에 적용된다. 도덕주의적(Moralistic), 치료 중심(Therapeutic), 이신론적(Deistic)의 머리글자를 따서 만든 MTD는 관용, 만인에 대한 연민과 선행, 자기 자신을 좀 더 기분 좋게 여기기, 그리고 계속 그런 태도로 살아갈 수 있도록 많은 자유를 주면서 부재(不在)하는 하나님을 뜻한다. 내가 친절한 사람이기를 원하기 때문에 하나님도 모든 일과 모든 사람을 용서해 주실 만큼 친절한 분이셔야 한다는 것이다. 이는 존 번연의 『천로역정』(The Pilgrim's Progress)과는 마치 동이 서에서 먼 만큼 거리가 먼 자세이며, 이 둘은 공통점이 거의 없다.

하지만 상습 용의자인 '이론적 신학'은 전혀 용의자가 아니다. 신학 또는 기독교의 가르침은 복음주의자들이 영적 성장과 관련해서 겪는 문제의 원인이 아니다. 오히려 가르침과 성경적 뿌리의 부재가 사람들을 길 잃게 만든다. 또한 성경의 가르침을 대하는 진지한 태도의 결핍도 문제의 원인이다. 교회 안에서 벌어지는 갈등은 교리 문제보다는 권력 다툼과 개인의 야망 때문인 경우가 더 많다.

이는 사실상 우리가 놀랄 일도 아니다. 사도 시대에도 어린아이들처럼 "사람의 속임수와 간사한 유혹에 빠져 온갖 교훈의 풍조에 밀려 요동"하는 사람들이 있었다. 그 당시에도 이른바 깨어 있는 사람들이 활동하고 있었던 것 같다! 이에 대한 바울의 치료책은 개방 요법이 아니라 더 많은 가르침이었다. "오직 사랑 안에서 참된 것을 하여 범사에 그에게까지 자랄지라 그는 머리니 곧 그리스도라."[9]

그리스도의 현실적이고 사랑 넘치는 가르침에 깊이 뿌리 내리고 있어야만 그리스도에게까지 자랄 수 있다. 그렇다면 성경적 교리 혹은 가르침은 무엇이고, 이에 대한 편견을 우리는 어떻게 극복할 수 있을까? 주된 방법은 성경적 교리에 대한 그릇된 개념을 바로잡는 것이다.

기독교의 가르침을 진지하게 받아들이기

성경의 가르침은 우리가 소유할 수 있는 가장 소중한 것이다. 이 가르침이 있으면 우리네 인간의 수준에서 하나님과 같은 생각을 할 수 있다. 그것이 바로 이 가르침에 극도로 진지해야 하는 이유다. 삶과 죽음보다 더 중요한 것은 축구가 아니라 성경의 가르침이다. 그 어떤 것도 우리에게 더 많은 집중을 요구할 수 없다. 교회 안에서 나

---

9) 엡 4:14-15.

는 성경의 가르침에 무지한 사람들을 만나지만, 이들은 알 만큼은 다 안다고 생각하는 것 같다. "그 정도는 주일학교 때부터 다 압니다." 주일학교 때부터 아는 것에 너무 익숙한 나머지 내용이 흐릿해질 수 있다. 더 안 좋은 경우로, 그런 것을 몰라도 사는 데 지장이 없다고 생각한다.

성경의 가르침과 신학은 서로 다른 두 가지라는 것을 깨달아야 한다. 이 둘은 서로 닿아 있는 두 개의 원과 같지만, 이 둘을 구별하는 게 중요하다. 성경의 가르침은 하나님을 창조주와 구주로 믿는 게 무슨 의미인지 제시한다. 성경의 가르침은 근본적이고 본질적인 것이며, 그리스도인의 신앙과 삶이 뿌리 내리는 데 없어서는 안 된다. 하나님은 성경에 자신의 진리를 계시하셔서 우리가 이를 알 수 있게 하신다. 성경 본문은 모든 사람을 향해 말하고, 모든 사람에게 받아들여질 수 있으며, 모든 사람에게 적절성을 가진다. 우리가 몇 가지 세부적인 내용을 놓치거나 성경의 몇몇 부분이 난제가 될지라도 기본 메시지는 분명하다.

20세기 가장 위대한 개혁파 신학자로 손꼽히는 아브라함 카이퍼는 목회 사역 초기 피에트로넬라 발투스라는 젊은 네덜란드인 농군의 증언을 듣고 회심했다. 피에트로넬라는 카이퍼 박사가 불신자라는 이유로 그와 악수하지 않으려 했다고 한다. 이 여인은 배운 것 없는 시골 여자였지만 복음을 이해하는 사람이었고, 카이퍼가 유명 대학 출신의 신학 박사이면서도 복음이 무슨 의미인지를 아는 지식이 없다는 것을 알아보았다.

'교리'(doctrine)는 하나님의 계시인 성경의 가르침을 가리키며, 이 계시는 하나님의 백성의 삶을 지도하기 위한 것이다. 디다스칼리아(didaskalia)라는 단어는 신약성경에 20회 이상 등장한다. 하지만 동일한 뜻을 가진 수많은 단어가 있으며, 복음 · 위로부터 온 지혜 · 메시지 · 증언 · 진리 · 진리의 말씀 · 보증 · 교훈 · 건전한 말씀과 믿음 등이 그런 예다. 이는 매우 폭넓은 개념이다. 신자들은 "바른 교훈"(good doctrine)을 따르고, 이 교훈으로 자양분을 얻으며, 이 교훈의 진리 안에 세워지고, "그리스도의 교훈 안에 거하라"라고 권고받는다. 사도들의 교리는 설교(케리그마[kērygma])에서도, 가르침(디다케[didachē])에서도 교회를 위한 신앙의 준칙이 된다.[10] 신자들은 인간의 능력이나 지혜가 왜곡되어 하나님을 대적하고 성경의 진리를 훼손하는 것에 대해 자주 경고받는다.[11] 이런 경고들이 너무 빈번하기에 오늘날에는 이런 위험이 사라졌다고 생각하기 어렵다.

성경의 가르침은 하나님의 백성이 든든히 뿌리 내릴 수 있도록 성령님이 쓰시는 수단이다. 그리고 그 방식에는 네 가지가 있다.

첫째, 성경의 가르침, 성경의 교리는 **삶이 무엇인지 이해하는 틀을 제공한다**. 즉, 우리가 하나님에 관해, 우리 자신과 타인에 관해 무엇을 아는지 이해하기 위한 틀을 제시한다. 성경은 하나님이 우리

---

[10] 딤후 3:16(디다스칼리아[didaskalia]), 딤전 4:6, 6:20, 딤후 1:12-14, 딛 1:9, 2:1, 7, 10, 요이 1:9을 보라. 교훈과 관련된 경고로는 롬 16:17, 엡 4:14, 딤전 1:10, 6:3을 보라.
[11] 이사야가 40:24에서 하나님을 대적하는 왕들과 통치자들에 관해 뭐라고 말하는지 보라.

를 어떤 현실에 두셨으며 창조와 구속을 통해 우리를 위해 어떤 일을 하셨는지 이야기해 준다. 그래서 성경의 가르침은 삶을 체계화한다. 성경의 가르침은 '이론'이 아니다. 이는 하나님이 세상을 어떻게 보시는지를 이해하게 해 준다. 성경의 가르침이 안겨 주는 분별력은 신자와 불신자 사이에 차이를 만드는데, 이는 감정을 통한 차이가 아니라 주로 세상을 바라보는 방식에서의 차이다.

둘째, 교리가 **유익한 이유는 진리를 제시하기 때문이다**. 교리는 하나님이 어떤 분이시고, 하나님이 어떤 일을 하셨으며, 우리가 왜 이 세상에 있고, 우리의 문제는 무엇인지를 하나님식으로 표현한다. 고린도후서 5장 19절을 예로 들어 보자. "하나님께서 그리스도 안에 계시사 세상을 자기와 화목하게 하시며." 이 구절은 우리에게 무엇을 말해 주는가? 이 구절은 우리를 위해 선물로 포장된 몇 가지 진리를 제시하는 교리적 진술(혹은 명제)이다.

- 하나님(성부, 성자, 성령)은 인격적이시며 예수 그리스도 안에서 행동하신다.
- 성육신하신 그리스도는 세상 가운데 있는 하나님의 실제 임재이시다.
- 그리스도께서 일하실 때, 그리스도를 통해 일하시는 분은 하나님이시다.
- 하나님의 행위의 결과는 죄 사함과 화평이다.

- 이 행위로 혜택을 보는 것은 곤궁한 사람들('세상')이다.

이렇게, 간단한 문구 하나에 누구나 쉽게 접근할 수 있는 가르침이 가득하다. 인생의 의미를 찾기 위해 큰 포부를 품을 필요가 없다. 하나님이 그리스도 안에서 알려 주신 진리와 하나님이 이루신 모든 일을 통해 누구나 인생의 의미를 발견할 수 있다.

셋째, 기독교의 가르침은 **예언적이고 사도적이다.** 요한복음 17장 17-21절에서 예수님은 제자들이 하나님의 말씀과 그 말씀의 진리로써 거룩하게 되기를 기도하셨다. 성부는 이 진리를 전달하려고 성자를 세상으로 보내셨다. 성자는 제자들을 보내셔서 자기 영으로 기름 부음 받게 하시고 동일한 진리를 전하게 하셨다. 성삼위 하나님의 말씀은 "믿는 사람들"에게 받아들여지고, 이 말씀은 예수님의 진리 안에서 이들을 예수님에게 동여맨다. 진리는 연쇄적으로 전달된다. 신자로서 우리가 신약성경에 나타난 사도들의 가르침을 믿음으로써 하나님의 진리에 접근한다. 이 가르침을 믿음으로써 우리는 예수님이 선포하신 진리에 다가간다. 이 일은 성부를 기쁘시게 한다. 성부는 성자를 더할 나위 없이 기뻐하신다. 이것이 성경의 메시지에 뿌리 내리는 길이다. 우리는 성령님의 조명(照明)의 사역을 통해 이 메시지를 받고 믿는다. 성령님의 도움으로 우리는 진리와 오류의 차이도 분간할 수 있다.

마지막으로, **성경에는 모종의 신학**이 있다. 우리는 이사야 신학,

요한 신학, 바울 신학에 관해 이야기한다. 하지만 이들은 사실 오늘날의 학문적 신학자들과는 다르다. 영감받은 기록자들은 저마다 개별적 이해와 집단적 이해를 가지고 성경의 계시 안에서 나름의 위치를 지닌다. 하나님은 이들을 통해 자신의 진리를 전달하신다. 성경의 가르침이 이 진리를 증언하는 것은 성경이 하나님의 말씀이기 때문이다. 성경의 가르침은 한낱 인간의 생각일 뿐인 다른 가르침들과 달리 성령님을 보증으로 삼는다. 성경의 가르침에는 일관된 신앙고백과 그 가르침의 진실성에 관한 확신을 고무시키는 통일성이 있다. 그리스도인으로서 뿌리 내리기 위해서는 그리스도 안에, 그리고 그분의 증언에 계시된 하나님의 진리에 깊이 뛰어들어, 거기서 얻을 수 있는 것을 모두 얻어야 한다.[12]

성경의 가르침은 실제적이다

사람들이 신학에 관해 품는 한 가지 의혹은, 신학이 실생활과는 거리가 먼 지적 쾌락을 만들어 낸다는 것이다. 사실 신학 논쟁이 때로 현실과 유리되는 경우가 있긴 하다. 예를 들어, 1067년 어느 날 저녁, 이탈리아의 몬테카시노 수도원(1944년 유혈 전투가 벌어진 자리)에

---

[12] 이 책 부록에서 성경 읽기와 기도가 어떻게 그리스도 안에 뿌리 내리기를 돕는지에 관한 실제적 제안을 보라.

서 두 수도사가 유쾌한 잡담을 나누었다. 두 사람은 아무리 하나님이 모든 걸 다 하실 수는 있어도 처녀성을 잃은 여자를 다시 처녀로 만드실 수는 없다고 했던 교부 히에로니무스의 놀라운 발언에 관해 이야기했다.

그러나 성경의 가르침은 수도사들이 그런 문제로 이러쿵저러쿵하는 세상과는 거리가 멀다. 성경의 가르침은 그 자체만으로 아주 실제적이다. 성경의 가르침은 우리가 하나님과 우리 자신과 세상을 어떻게 보는지를 직접적으로 다룬다. 성경의 가르침을 실제적인 가르침으로 만들기 위해, 혹은 그 가르침을 우리에게 어떻게 적용할지 알아내기 위해 고심할 필요가 없다. 하나님을 안다는 것은 그 자체로 실제적인 일이다. 왜냐하면 하나님을 아는 일은 하나님과 하나님의 진리를 사랑하는 일이기 때문이다.

이것이 사실인 것은, 성경의 가르침이 신적으로 인정받은 영적 진리이기 때문이다. 성령의 증언이 없다면 이 가르침은 미궁(迷宮)이다. 불신자들도 이 가르침을 일부 이해할 수 있겠지만, 그것이 무슨 의미인지 알 수 있는 통찰력이 없거나, 아니면 그저 미친 소리일 뿐이라며 거부한다.[13] 성경의 가르침은 신자가 새로 태어남으로써 들어가는 새로운 세상의 한 현실이다. 성경의 가르침은 영적이며, 믿음 없는 사람에게는 터무니없어 보이는 비가시적인 일들을 설명한

---

13) 예를 들어, 행 26:24에서 로마 총독 보르기오 베스도는 바울을 향해 "네가 미쳤도다"라고 소리 질렀다.

다. 성경의 가르침은 인간의 추론으로는 파악할 수 없는 방식으로 그리스도인이란 무엇인지를 말해 준다. 불신자는 성경의 진리에 대해 아무런 이해가 없으며, 이는 색맹인 사람이 회색밖에 못 보는 것과 마찬가지다.

기독교의 진리는 삶을 정의한다. 이 진리는 우리가 하나님의 관점에서 하나님에게 영적으로 더 가까이 가게 해 준다. 이 진리는 우리가 모든 일을 하나님이 보시듯 볼 수 있게 해 준다. 이 진리는, 다른 모든 것은 다 사라지는 이생에서 우리가 누릴 수 있는 가장 소중한 현실이다.[14] 이 진리는 우리를 부활하신 그리스도에게 연합한 새 창조 세계의 참여자들로 만들어 준다. 이 진리는 영원 세상을 희미하게 감지할 수 있게 해 준다. 신자로서 우리는 성경의 가르침이 우리에게 뿌리 내리기를, 그리고 다른 사람들도 동일한 믿음에 뿌리 내리기를 바라야 한다. 바울은 디모데에게 보내는 편지에서 "진리의 말씀을 옳게 분별하며 부끄러울 것이 없는 일꾼으로 인정된 자로 자신을 하나님 앞에 드리기를 힘쓰라"라고 권면한다.[15] 그것이 디모데의 특별한 책무였다. 하지만 바울의 권고는 지도자들에게만 국한되지 않는다. 지도자들은 특별한 사례가 아니다. 모든 신자가 다 동일한 부르심을 받는다.

이쯤에서 한 가지 질문이 생겨난다. 성경의 가르침과 신학의 관계

---

14) 사 40:6-8.
15) 딤후 2:15.

를 어떻게 꼭 집어 말할 수 있을까? 성경의 가르침과 신학이 두 개의 원처럼 맞닿아 있다면 이 둘은 어떻게 비슷하고 어떻게 다른가?

성경의 가르침과 신학

독자 중에는 신학에 큰 관심을 느끼지 못하는 이들도 있을 것이다. 그래서 이 부분은 신속히 진행하도록 하겠다.[16] 확실히 신학은 좋을 수도 있고 나쁠 수도 있다. 성경의 가르침과 일치한다면 좋은 신학이고, 일치하지 않는다면 나쁜 신학이다. 그러므로 신학과 성경의 가르침이 어떻게 둘 다 중요한지, 신학과 성경의 가르침이 어떻게 비슷하고 어떻게 다른지 한번 살펴보기로 하자.

내가 생각하기에 이는 정도(level)의 문제다. 신자가 성경의 가르침에 대해서 여러 지식을 갖고 있으면서도 이 지식을 종합해서 온전한 그림을 만들지 못할 수도 있다. 모든 조각이 퍼즐처럼 놓여 있는데, 이 조각들이 맞춰지지 않는 것이다. 그래서 이 지식 조각들의 통일성이 뚜렷이 보이지 않는다. 성경의 가르침이 일단 한데 모이면 신학적 그림이 나타나기 시작한다.

성경을 하나님의 말씀으로 믿는 모든 이에게는 모종의 신학이 있

---

[16] '신학'(theology)은 하나님의 말씀 혹은 하나님에 관한 말이라는 의미임을 잊어서는 안 된다.

다. 이 신학은 초보 수준일 수도 있고 높은 수준일 수도 있다. 그 차이는 10조각짜리 퍼즐을 맞추는 어린아이와 1,000조각짜리 퍼즐을 맞추는 어른의 차이와 비슷하다. 아이와 어른 모두 퍼즐 맞추기를 요구받는다. 그래서 그리스도인은 어떤 면에서 모두 신학자다. "왜 예수님이 당신을 구원할 수 있다고 믿습니까?", "예수님이 어떤 존재라고 믿습니까?" 혹은 "하나님에 관해 무엇을 믿습니까?"와 같은 질문들에 대답하려고 애쓸 때 우리는 신학자가 되기 시작한다.

신학은 성경의 가르침에 뿌리를 두고 있어야 하며, 그 가르침의 의미를 나타내야 한다. 신학은 기독교 신앙의 일관성 있는 그림을 제시할 의무가 있다. 그뿐만 아니라 성경의 가르침을 각각 다른 문화에서, 각각 다른 때에, 각각 수준이 다른 청중에게 제시해야 한다. 아브라함 카이퍼에게 이의를 제기한 그 농사꾼 여인의 신학적 이해는 아우구스티누스나 칼뱅, 혹은 존 오웬의 신앙과 비교해 볼 때 초보 수준일지 모른다. 하지만 이 여인은 왜 자신이 옳고 카이퍼가 왜 그른지 알고 있었다. 그런 의미에서 이 여인은 카이퍼보다도 성경을 더 잘 알고 있었고, 카이퍼의 그 모든 교육 수준에도 불구하고 신학자의 자질 면에서 카이퍼보다 나았다. 이 여인은 자신이 카이퍼를 설득할 수 없다는 것을 알고 있었지만, 대신 카이퍼에게 칼뱅을 읽어 보라고 말했고, 카이퍼는 여인의 말대로 했다. 그래서 성령의 조명으로 카이퍼는 눈을 떴고 진리를 볼 수 있게 되었다.

신학은 각각 다른 상황에서 질문들에 답변하기 위해 성경의 가르침을 적용하는 것이다. 성경의 가르침과 일치하는 한 신학은 유익하다. 성경의 가르침과 일치하지 않는다면 그 신학은 단순히 쓸모없는 게 아니라 그보다 더 나쁠 수도 있다. 성경을 믿는 모든 신자는 이단을 보고 분별할 수 있어야 한다. 이런 이유로, 성경의 가르침과 그 가르침에서 도출된 신학을 구별하는 게 도움이 된다.

인간의 신학 개념에는 성경의 가르침과 같은 규범적 성격이 없다. 교회의 신앙고백서조차도 성경의 유일한 권위 아래 있다. 최종적 권위는 오직 하나님에게만, 그리고 계시된 하나님의 말씀에만 있다. 다른 모든 권위나 의견은 부차적이고, 하나님과 하나님의 말씀에 종속되어 있다. 그래서 교회의 거물급 인물이 성경의 가르침은 동성애를 혐오한다고 말할 때 우리는 그냥 무시해 넘길 수 있다. 그 사람은 무슨 권위로 그렇게 말하는가? 그저 자기 의견에 따라 그렇게 말할 뿐이다. 더 나쁜 것은, 이들이 양의 몸통에 늑대의 머리를 달고 있다는 것이다.

요한복음 3장 16절의 예

성경의 가르침과 신학의 차이는 정도의 차이다. 성경의 가르침은 성경이 하는 말에 즉각 다가갈 수 있게 하며, 더 직접적이고 더 쉽게 확인이 된다. 신학은 성경이 하는 말에서 한 걸음 뒤로 물러난다. 신학은 간접적이고, 성경적인지 아닌지 확인하기가 비교적 어렵다. 성경의 가르침에 대한 해석에는 오류의 여지가 적지만, 신학은 그 구성이 더 복잡해서 오류의 여지가 훨씬 크다.

요한복음 3장 16절과 관련해서 차이를 설명해 볼 수 있다. "하나님이 세상을 이처럼 사랑하사 독생자를 주셨으니 이는 그를 믿는 자마다 멸망하지 않고 영생을 얻게 하려 하심이라."

이 구절이 무엇을 가르치는지는 누구나 간단하게 알 수 있다. 요한이 무슨 말을 하는지는 누구나 쉽게 이해할 수 있다. 성경의 가르침은 명쾌하기 때문이다. 하나님은 그런 방식으로 세상을 사랑하셨고 자기의 유일한 아들을 주셨다. 누구든 하나님을 믿으면 그 결과는 영생이지 멸망이 아니다. 그것이 성경의 가르침이다. 물론 달리 체계적으로 말할 수도 있겠지만, 누군가가 이를 틀리게 이해한다면 쉽게 알아볼 수 있다. 나이가 다르고, 지능 수준이 다르고, 문화와 시대가 달라도 누구나 이를 마음에 새길 수 있다. 성경은 복잡하지 않은 용어로 기록되어 있어서, 매우 깊이가 있을지라도 그 주된 가르침에 누구나 접근할 수 있다. 누구도 배제되지 않는 이유는 이 가르침이 사람을 초월하기 때문이다.

하지만 불신자는 설령 이 가르침을 이해한다 해도 예수님을 믿기 어려워 우물쭈물한다. 이들은 믿기를 싫어하거나, '종교'를 가질 시간이 없거나, 예수님이나 하나님이 존재하신다는 사실을 받아들이지 않는다. 이들은 거듭난다는 것에 관해 농담하거나, 예수님에게 헌신하면 교묘한 방식으로 조종당할 거라고 걱정한다. 어쩌면 믿는 것은 너무 쉬워 보이고, 그래서 이들은 뭔가 어려운 일, 이를테면 하루 24시간 일주일 내내 가부좌를 틀고 앉아 구걸하거나 어딘가로 순례를 가고 싶어 할지도 모른다. 또는 지금의 위치를 얻기 위해 정말 열심히 일한 사람들, 인생에서 지금 누리고 있는 것을 손에 넣으려고 늘 열심히 일해야 했던 사람들은 그저 그리스도만 믿고 의지하면 된다고 하는 사실을 받아들이기 어려울 것이다. 이런 사람들은 구원을 얻기 위해서는 자기가 무언가를 **해야** 한다고, 무언가에 힘써야 한다고 생각한다.

신학적인 차원에서는 더 깊이 있는 질문들이 고려된다. 무엇보다 먼저, 예수님이 직접 이 말씀을 하셨는가, 아니면 이는 예수님이 니고데모에게 주신 가르침에 대한 요한의 설명인가? 더 나아가, 요한은 '하나님', '세상', '믿다', '멸망하다', '영생'이라는 말을 무슨 의미로 썼는가? 이런 단어에 대한 요한의 이해는 신약성경의 다른 기록자들의 이해와 어떻게 맞아떨어지는가? 개인적으로 나는 이 본문이 예수님의 가르침에 대한 요한의 설명이라고 생각하지만, 내 생각이 틀릴 수도 있다. '하나님'은 성부 하나님을 뜻하고, '세상'은 타락한 창조 세계 전체를 가리키며, '믿다'라는 말은 하나님의 선물인 '믿음'을 뜻하고, '영생'은 지금 여기서 시작되어 영원 세상까지 영원히 확장되는 무언가를 말한다. 하지만 이 모든 질문에는 서로 다른 답변이 있다. 나는 그 답변을 다 잘 아는 척하지 않겠다. 훌륭한 요한복음 주석을 참고하면 내가 잘못 알고 있는 것을 바로잡을 수 있을 것이다!

또 한 가지, 요한복음 3장 16절은 더 폭넓고 더 깊이 있는 성경적 관점에서 제시될 수도 있다. 이 구절은 언약과 관련한 울림이 있다. 즉, 하나님은 영생의 수여자이시다. 하나님은 그 목적을 위해 자기 아들을 중보자로 주셨다. 하나님은 구원을 약속하신다. 그리고 믿음은 그 구원을 받기 위한 조건이다.

마지막으로, 우리가 아무 공로 없이 받는 하나님의 은혜와 그리스도를 믿는 믿음의 관계를 설명하기 위해 철학 용어가 쓰였을 수도 있다. 장 칼뱅은 하나님을 구원의 근원으로, 그리고 예수 그리스도를 그 구원을 이루기 위한 도구로 말함으로써 요한복음 3장 16절에 접근한다. 칼뱅은 이렇게 말한다. "첫 번째 자리는 주권적 원인(cause) 혹은 근원으로서 하나님의 사랑에 주어진다. 그리고 두 번째이자 좀 더 가까운 원인으로서 그리스도를 믿는 믿음이 뒤따른다."[17] 누구나 동의하겠지만, 이 설명은 이 본문에 관한 성경적 가르침과는 아주 거리가 멀다. 하지만 이 구절의 의미에 대한 신학적 설명으로서는 틀린 말이 아니다. 칼뱅이 하는 말은 성경의 가르침의 단순한 표현과 모순되지 않고, 앞에서 제시한 좀 더 언약적 구조를 지닌 의미와도 상충하지 않는다. 이는 건전하고 합당한 신학이다.

---

[17] John Calvin, *Institutes of the Christian Religion*, II.17.2, 필자의 번역. 공로가 아닌 은혜에 의한 구원에 관한 논증으로는 III.14.17을 보라. 칼뱅은 철학 용어를 거의 쓰지 않지만, 요 3:16과 관련해 이 두 경우에서는 철학 용어를 쓴다. 이 구절에 대한 칼뱅의 주석도 참고하라.

이 개혁자가 '원인'이라는 용어를 쓰는 것에 열렬히 반응하지는 않을지라도 말이다.

이렇게 일차적인 차원에서 하나님이 자신을 계시하기 위해 쓰시는 단순하고 직접적인 성경의 용어가 있다. 이를 읽고 우리는 성경이 진리로 가르치는 것을 이해하고 받아들인다. 우리는 이 가르침이나 교리를 체계적으로 공식화할 수 있다. 그런 다음에야 신학이 있으며, 신학은 설명과 복잡성 면에서 더 깊이 있는 수준에 있다. 성경에서 모든 신자는 하나님의 도를 더 깊이 있게 알아 가야 한다고 권고한다. 그렇게 할 때 신자는 하나님의 말씀에 점점 더 깊이 뿌리 내리게 되고, 그리스도 안에 뿌리 내림으로써 점점 더 강건하게 자라기 시작한다. 이 뿌리 내리기가 없으면 신자는 주변에서 불어 대는 인간 사상의 바람에 쉽게 휩쓸릴 수 있다.

또한 신자는 자기를 살피라고 부름 받는다. 자기를 살핀다는 것은 그리스도 안에 잘 뿌리 내리고 있는지 검토한다는 의미다. 그렇게 하는 목적은, 성경의 진리가 우리에게 참이 되고 있는지 확인하기 위해서다. "너희는 믿음 안에 있는가 너희 자신을 시험하고 너희 자신을 확증하라 예수 그리스도께서 너희 안에 계신 줄을 너희가 스스로 알지 못하느냐 그렇지 않으면 너희는 버림받은 자니라."[18] 우리는 그리스도 안에 견고히 뿌리 내리고 있는지 확인하기 위해 성경의

---

[18] 고후 13:5, 벧후 1:10-11.

가르침에 맞춰 우리 자신을 정돈한다.

성경의 가르침은 하나님이 하시는 일에 관한 가르침이다

성경의 가르침 중 우리가 그리스도 안에 뿌리 내리게 하는 것은 무엇인가? 성경의 가르침에는 우리가 그렇게 할 수 있도록 그 가르침에 수단을 제공하는 어떤 특별한 것이 있는가?

지난 세기의 한 인기 있는 신학자는 우리와 하나님과의 관계는 인격적이고 살아 있는 체험이라고 말했다.[19] '나'와 '너'는 하나님이 우리에게 말씀하시고 우리가 하나님에게 말하는 방식을 가리킨다. 하지만 하나님에 관한 가르침(그 무시무시한 '교리')의 영역으로 들어가면 어떤 일이 일어난다. 우리는 친밀한 영역에서 추상적 영역으로 폴짝 뛰어넘어 간다. 인격적인 '나'와 '너'에서 하나님, '그 남자/그 여자/그것'이라는, 특정 인격과 상관없는 진술로 넘어간다. 이 개념은 많은 사람에게 큰 반향을 일으켰다. 기독교의 가르침이 인격적 가르침이 아니라 추상적 가르침이라고 하는 의혹에 불을 지폈다. 나는 그런 의혹이 옳다고 생각하지 않으며, 이제부터 그 이유를 설명할 것이다. 기본적으로 이는 하나님이 어떻게 자신을 계시하시며 성경의

---

19) 내가 가리키는 사람은 스위스의 신정통주의 신학자 에밀 브루너(Emil Brunner)다.

가르침은 무엇인가에 관한 오해다.

하나님은 자신의 말씀을 통해 어떻게 우리를 가르치시는가? 하나님은 학생들이 알아야 할 것을 숟가락으로 떠먹여 주듯 하나하나 가르쳐서 시험에 통과할 수 있게 해 주는 학교 선생님과는 다르다. 또한 성경의 가르침은 성경책을 조금 파고들어 가면 찾아낼 수 있는 임의적인 정보도 아니다. 성경에 접근하는 것은 위키피디아에서 정보를 얻는 것과는 다르다. 성경의 주된 가르침은 **하나님이 하신** 일에 관한, 혹은 하나님이 하신 일과 직접적으로 관계된 것에 관한 가르침이다. 이 사실을 증명하는 시편 145편을 읽어 보라! 이 시는 하나님의 행위의 비길 데 없는 속성에 중심을 둔 멋진 이합체 시이며, 이 행위는 하나님 나라의 본질을 서술하고 하나님의 이름이 알려지게 한다.[20] 중심 구절은 다음과 같다.

> 여호와여 주께서 지으신 모든 것들이 주께 감사하며 주의 성도들이 주를 송축하리이다 그들이 주의 나라의 영광을 말하며 주의 업적을 일러서.

하나님의 강한 역사를 묵상하노라면 하나님의 확고부동한 사랑에 초점을 맞추게 된다. 주님은 찬양받으실 만한 분이다!

---

[20] 이합체 시편은 각 부분이 히브리어 알파벳 철자로 시작하는 시편이다.

성경의 가르침을 서술한다는 것은 곧 하나님과 하나님의 행위에 관해 무언가를 말하는 것이다. 그런 이유로 성경의 가르침에는 디모데후서 3장 16절에서 말하는 것처럼 우리를 교훈하고 덕을 세우는 특별한 능력이 있다. 성경의 모든 가르침은 창조 · 섭리 · 구원 · 새 창조 등 성경의 구원 역사 이전이나 도중이나 이후의 하나님의 행위에 뿌리를 두고 있다. 다음은 우리가 잘 알고 있는 교리의 예인데, 여기서 동사(행동을 나타내는 말들)에 주목해 보라.

- 성경의 계시는 하나님이 말과 행위로 자신을 **계시하시는** 것이다.
- 하나님의 의논은 하나님이 장차 있을 일들 및 그 일들이 어떻게 일어날지를 **결정하시는** 것이다.
- 신적 선택은 하나님이 자기 백성을 **선택하시는** 것이다.
- 섭리는 하나님이 창조 세계와 역사를 돌보고 유지하면서 **감독하시는** 것이다.
- 창조는 하나님이 보이는 것과 보이지 않는 모든 것을 **만드시는** 것이다.
- 죄는 하나님이 인간의 반역을 **심판하시는** 것에 대해 말한다.
- 구속은 하나님이 그리스도 안에서 우리의 해방을 위해 **값을 치르시는** 것이다.
- 칭의는 우리를 대신해 정죄 받으신 예수님의 완전한 순종을 근거로 하나님이 **우리를 의롭다고 선언하시는** 행위다.

- 그리스도의 재림은 새 창조를 가져오기 위해 그리스도가 **오시는** 것이다.

그래서 성경의 가르침에 관해 생각할 때는 'x, y, z라는 교리'가 아니라 주로 하나님의 행위, 하나님이 구체적으로 무엇을 하시는지에 초점을 맞추어야 한다. 교리는 하나님이 하시는 일의 부산물이다.

성경의 계시에 관한 가르침에서 우리는 하나님이 살아 계시는 인격적인 하나님이심을 보게 된다. 하나님의 행동은 참되고 실제적이며, 거룩하고, 사랑 넘치고, 의롭다. 하나님이 행하신 일에는 비인격적인 부분이 전혀 없다. 심지어 이는 삼위일체 교리에도 해당하는 사실이다. 하나님은 서로 구별되는 세 위격이시되 하나의 신적 본질을 갖고 계신다. 성부도 하나님이고, 성자도 하나님이며, 성령도 하나님이다. 많은 이가 이 교리를 이해하기 어려워하면서 '삼위일체'는 성경적 단어도 아니라고 말한다. 이들은 이 교리가 수학적으로 불가능하다고 생각한다. 그래서 결국 삼위일체 교리를 주술(呪術) 같은 것으로 여기고 배척한다.

하지만 삼위일체에 관한 성경의 가르침은 하나님이 하나님**이시기** 때문에 **하시는** 일을 우리에게 보여 준다고 생각하면 이 교리를 조금 더 잘 이해할 수 있게 된다. 비록 하나님의 본질은 언제나 우리에게 신비이긴 하지만 말이다. 성부로서 하나님은 유일한 자기 아들을 **보내신다**. 성자는 그 뜻에 동의하여 땅으로 **와서** 성부를 계시하시고 그분의 뜻을 행하신다. 성령은 성자를 **증언하시며** 성부와 성자**에게서 나오신다**. 이 능동적 관계는 삼위가 저마다 하나님이심을 보여 준다. 삼위가 함께 서로 조화를 이루며 사랑으로 행동하신다.[21] 삼위 하나님은 각 위격이 다른 위격과 한뜻으로 행하는 특별한 신적 행위로 일하고 계신다.

성경의 가르침은 추상적 개념과는 거리가 멀다. 오히려 현실과 접하게 해 주고 하나님과 접하게 해 준다. 하나님이 설계하신 의미, 죄의 괴로움, 구원의 기쁨, 우리에게 필요한 소망, 우리가 갈망하는 소망을 접하게 해 준다. 이는 성경에서만 볼 수 있을 뿐 다른 어디에서도 찾아볼 수 없는 것들이다. 반면, 성경의 가르침에 눈을 감으면 우리 자신의 생각이나 다른 사람들의 생각이라는 어둑한 곳을 헤매게 된다. 인간의 이런 생각들은 현실과 단절되어 있고 우리의 죄책으로 정죄 받은 상태라 이런 생각들에 그릇된 소망을 두었다가는 환멸을 느끼게 된다.[22]

성경의 가르침에 하나님의 행위가 포함된다는 개념을 좀 더 설명해 보겠다. 마르틴 루터는 오직 믿음에 의한 칭의 교리가 기독교 신앙의 중심 가르침이라고 말했다. 루터는 이 교리를 '질료적 규범'(the material norm, 신앙의 내용)이라고 부르고 성경을 '형상적 규범'(formal norm, 신앙의 구조적 원리)이라고 불렀다. 하지만 칭의를 자신의 지식으

---

21) 요일 4:8. 아우구스티누스는 『삼위일체론』(On the Trinity)에서 이를 설명하기를, 사랑하시는 분(성부 하나님)이 가장 사랑하는 분(성자 예수님)을 사랑(성령)으로 사랑하신다고 했다.
22) 요일 1:1-5.

로 흡수하여 일상생활에 적용하기를 어려워하는 사람들이 적지 않다. 이들은 칭의를 법적이고, 추상적이고, 약간 파악하기 어려운 개념으로 본다. 이들에게는 개인적 체험("나는 거듭났다.")이 더 현실적인 것처럼 보인다.

그렇다면 칭의 및 하나님이 우리를 받아들이신다는 중대한 사실에 관해 우리는 어떻게 생각할 수 있을까? 성경적으로, 그리고 구체적으로 생각해야 한다. 왜냐하면 칭의는 무엇보다도 하나님의 행위이기 때문이다. 다음은 하나님의 행위로서의 칭의를 뒷받침해 주는 사실이다.

- 하나님은 죄를 심판하실 때 공명정대하시다.
- 죄는 하나님의 정죄를 요구한다.
- 그리스도는 "의인으로서 불의한 자를 대신"해서 정죄 받으셨다.
- 칭의는 정죄의 반대이다.
- 하나님은 '영광스러운 전가'로써 죄인들을 의롭다 여기신다. 즉, 우리의 것(우리의 죄)을 그리스도에게 돌리고(전가하고), 그리스도의 것(그분의 의로움)을 우리에게 돌리신다.
- 믿음 자체는 우리를 하나님 앞에 의롭게 만들지 않는다. 그리스도를 믿는 믿음으로써 받는 그리스도의 의로움만이 죄인을 의롭다 여김 받게 한다.

이제 위의 각 문장에 '나의'와 '나를'을 넣어서 다시 읽어 보라. 전체적으로 참인 모든 것은, 우리가 그리스도에게 속해 있을 때 그리스도를 믿는 믿음을 통해, 우리 각 사람에게도 개인적으로 참이 된다. 이는 우리의 정체성을 규정하는 현실이다. 우리가 자신을 어떻게 생각하느냐에 따라 우리가 자신에게 어떤 감정이 되는지가 결정되는 것이지, 그 반대가 아니다. 월요일 아침에 잠이 깨면 또 한 주를 살 생각에 두려운 기분이 들 수 있지만, 지금의 내가 나인 것은 앞으로 몇 시간 또는 며칠 동안 나에게 일어날 일 때문이 아니다. 그보다, 내 정체성은 그리스도 안에서 나를 받아들이신 하나님에게 기초를 둔다. 무슨 일을 겪게 되든 나는 혼자가 아니며, 나는 그리스도 안에서 자유로운 사람이다. 그 어떤 일도 내 주님의 사랑 넘치는 품 밖에서 내게 일어나지 않는다. 하나님이 우리를 받아들이셨다는 것은 하나님이 우리를 돌보신다는 뜻이다. 처음 믿은 바로 그 순간 우리는 하나님이 더할 나위 없이 용인할 만한 존재가 되었다. 칭의란 우리에 대한 하나님의 능동적 결정이기 때문이다.

하나님이 하신 일은 우리의 역사가 되고 우리 삶의 이야기가 된다. 성경의 가르침을 보는 이런 방식은 성경이 가르치는 모든 것에 적용할 수 있다. 하나님의 모든 자녀와 마찬가지로 우리에게도 참이 되는 가르침으로 보는 것이다. 성경의 가르침은 정체성을 규정한다. 이에 대해(혹은 이와 관련된 교리나 건전한 신학에) 콧방귀 뀌는 사람들은 우리가 실컷 누리고 자양분을 얻으라고 하나님이 차려 주신 식탁을 그냥 지나쳐 간다.

뿌리 내리기는 하나님을 아는 것에 관한 일이다

어떻게 하면 하나님을 더 많이 알 수 있는가? 성경의 가르침이 이와 관련해 우리에게 도움을 주는 몇 가지 방식이 있다.

첫째, 하나님을 아는 지식의 출발점은 좀 낯설어 보일 수 있다. 있는 그대로 말하자면, 하나님은 누구에게도 알려지지 않으신다. 성경이 없었다면 우리는 어떤 하나님이 존재한다는 좀 모호한 개념, 옳고 그름에 대한 약간의 인식만 가질 수 있었을 것이다. 하지만 하나님을 한 번도 만나 본 적이 없기에 근본적으로 우리는 무지함 가운데 있다. 우리는 불가지론자들과 기독교를 문화적으로 경멸하는 사람들과 함께 어두운 관람석에 앉아 있다. 기분이 비교적 괜찮을 때, 혹은 심히 괴로운 일을 당할 때, 우리는 넷플릭스에 몰두해 있던 무기력에서 벗어나 하나님을 찾을 수도 있다. 그럴 때 우리는 "알지 못하는 하나님"을 위해 제단을 쌓으려고 한다.[23] 이 우상들은 두려움에서 나온 것들이며 결국 큰 대가를 치르게 된다. 인도네시아 발리에서 과거에 힌두교도였던 사람을 만난 적이 있는데, 그리스도인이

---

23) 행 17:22-23. "종교심이 많다"는 말은 "미신적"이라고 번역할 수도 있다.

되니 날마다 집과 일터에서 신들에게 제사를 드릴 필요가 없어져서 살림 형편이 나아졌다고 했다. 하나님이 본디 알려지지 않은 분이라는 것은 하나님이 어떤 분이신지에 관해 일치된 의견이 없다는 뜻이며, 이는 우리 주변 모든 사람에게 논란의 여지가 없는 사실이다.

둘째, 우리는 하나님의 속성으로써 하나님을 안다. 하나님을 아는 것은 하나님 편에서의 은혜로운 행위에 달려 있다. 자신을 알려 주실 때 하나님은 자신의 행위와 자신의 말씀으로써 알려 주신다. 행위와 말씀이 함께 하나님의 은혜로운 뜻을 설명해 준다. 자신의 계시를 통해 하나님은 자신을 강하고, 지혜롭고, 함께하시며, 자비로운 분으로 보여 주신다.[24] 시편 119편을 보면, 하나님의 말씀 자체가 하나님의 속성 여러 가지를 갖고 있다. 하나님의 말씀은 의롭고(9회), 경이롭고(2회), 진실하고(6회), 영원하고(3회), 정직하며(3회), 생명을 준다(93절).

지금까지 보았다시피, 하나님은 자신의 행위로써 자신을 알리시며, 이어서 이는 하나님의 인격적 **속성**을, 하나님이 어떤 분이신지를 나타내 보인다. 하나님의 속성을 알면 하나님을 알게 된다. 하지만 본질적으로 알게 되는 것은 아니다. 그건 불가능하다. 다만 하나님의 구원에 나타나신 모습대로의 하나님을 알게 된다. 오직 성경의 하나님에게만 이런 속성이 있다.

---

[24] 하나님은 능력 있으시고(사 55:8–11, 히 4:12–13), 지혜로우시고(시 33:4–5, 6–9), 우리에게 임재하시고(신 30:11–14, 롬 10:6–8), 자비로우시다(사 40장).

셋째, 하나님을 아는 지식은 하나님을 구주로 아는 것과 분리될 수 없다. 신명기 29장 29절에서는 하나님 안에 숨겨진 일과 드러난 일을 구별함으로써 이를 강조한다.

> 감추어진 일은 우리 하나님 여호와께 속하였거니와 나타난 일은 영원히 우리와 우리 자손에게 속하였나니 이는 우리에게 이 율법의 모든 말씀을 행하게 하심이니라.

히브리서 1장 1-3절에서 히브리서 기자는 이러한 구별을 바탕으로 하나님이 자신을 어떻게 계시하셨는지를 보여 준다.

> 옛적에 선지자들을 통하여 여러 부분과 여러 모양으로 우리 조상들에게 말씀하신 하나님이 이 모든 날 마지막에는 아들을 통하여 우리에게 말씀하셨으니 이 아들을 만유의 상속자로 세우시고 또 그로 말미암아 모든 세계를 지으셨느니라 이는 하나님의 영광의 광채시요 그 본체의 형상이시라 그의 능력의 말씀으로 만물을 붙드시며.

사도 바울은 디모데전서 2장 5-6절에서 간결한 진술로 더 실속 있게 이를 표현한다.

> 하나님은 한 분이시요 또 하나님과 사람 사이에 중보자도 한 분이시니 곧 사람이신 그리스도 예수라 그가 모든 사람을 위하여 자기를 대속물로 주셨으니.

우리가 하나님에 관해 아는 것, 즉 계시된 것은, 예수님이 "하나님의 영광의 광채"시며 하나님과 하나님의 구원을 아는 지식의 "한 중보자"이시기 때문에 우리에게 알려졌다. 이런 식으로 우리는 하나님의 행위와 말씀을 알게 되고, 이어서 이는 하나님의 속성을 제시한다. 하나님의 속성은 중보자 예수님 안에 궁극적으로 요약되어 있으며, 예수님의 사명은 하나님과 하나님의 뜻을 우리에게 계시하는 것이다.[25] 하나님은 그리스도의 위격과 사역에서 하나님에 대한 지식을 광채처럼 발산하심으로써 자신을 알리신다.

우리는 정말로, 그리고 참으로 하나님을 아는가? 많은 사람이 그게 정말 가능한가 하고 의심한다. 우리는 닫힌 공간인 이 세상에 있는 일들만 알 수 있고, 이 세상 밖의 일들은 알 수 없다. 하지만 하나님이 자기 속성을 나타내시는 것에 관해 우리가 말한 것이 맞다면, 우리는 정말로, 그리고 참으로 하나님을 아는 것이다. 그뿐만이 아니다. 하나님의 속성은 곧 하나님의 **이름**이다. 모세에게 자신이 누구인지를 보여 주실 때 여호와는 자신에게 한 이름을 주셨다.

---

[25] 요 17:1-5.

> 여호와라 여호와라 자비롭고 은혜롭고 노하기를 더디 하고 인자와 진실이 많은 하나님이라 인자를 천대까지 베풀며 악과 과실과 죄를 용서하리라 그러나 벌을 면제하지는 아니하고 아버지의 악행을 자손 삼사 대까지 보응하리라.[26]

이 선언은 전체가 하나님의 이름과 결합한다. 모세는 머리를 조아려 경배했다. 모세는 이분이 영원한 여호와이심을 알아차렸다. 비슷한 방식으로, 하나님의 모든 속성은 하나님의 이름들을 제시하고, 하나님은 이 이름들로 세상에 알려지신다. 하나님은 영원하시고, 거룩하시고, 참되시다. 각 속성 앞에 정관사를 붙이면 그것이 하나님의 이름이 된다. 하나님은 영원하신 하나님, 거룩하신 하나님, 진리의 하나님이시다. 하나님이 사랑하시는 이유는 그분이 사랑이시기 때문이다.

결론

우리 눈을 열어 주고, 진리를 드러내어 성경의 가르침을 분별하게 하시고, 이 가르침을 더 깊이 파고들어 가게 하시는 성령님의 도움

---

[26] 출 34:6-7. 내가 생각하기에, 아버지와 자손을 언급한 것은, 자손들이 저지르지 않은 잘못에 대해서도 하나님이 벌하신다는 의미가 아니라, 죄의 사회적 결과가 확산하면서 후손들에게 대물림되는 것을 가리킨다.

으로 성경을 읽으면, 하나님을 아는 지식이 차곡차곡 쌓여 간다. 이 지식의 정점은 주 예수 그리스도다. 일단 이 지식 및 하나님의 은혜의 경이를 구체적으로 이해하면, 우리는 이것을 그냥 놓아 보낼 수 없게 된다. 하나님을 아는 참지식이 있으면 하나님의 은혜의 진가를 알게 되고, 이에 경탄하게 된다. 우리의 뿌리가 하나님의 영원한 사랑 속으로 더 깊이 파고들어 감에 따라 이 뿌리는 그리스도 안에 있는 구원에 끈덕지게 매달린다.

성경의 가르침은 그 자체가 목적이 아니라 더 큰 목적에 이르는 수단이다. 영원한 생명을 자기 안에 갖고 계신 하나님을 알게 되는 것이 바로 그 목적이다. 궁극적으로 그것이 바로 성경적 뿌리가 치명적으로 중요한 이유다.

생각하기

1. 그리스도인의 삶에서 '뿌리 내리기'가 '심기'만큼 중요한 이유는 무엇인가?

2. 신자들은 어떻게 그리스도 안에 뿌리를 내리는가?

3. 성경에서 볼 수 있는 '뿌리 내리기'의 사례를 세 가지 들어 보라.

4. 성경의 가르침과 신학의 차이점은 무엇인가?

5. 성경의 가르침에 대해 어떤 편견들이 있는가?

6. 성경의 가르침은 어떻게 하나님의 행위에 토대를 두는가?

7. 하나님의 행위와 하나님을 아는 우리의 지식은 어떻게 연결되는가?

8. 하나님의 속성의 중요성은 무엇인가?

9. 하나님을 아는 것이 '뿌리 내리기'를 위해 중요한 이유는 무엇인가?

10. 당신의 뿌리는 얼마나 견고한가?

11. 어떻게 하면 이 문제에 관해 더 진지해질 수 있겠는가?

03

자라기

> **주제 :** 성장의 세 번째 측면은 꾸준한 발전이다. 성장은 수액이 가지로 흘러 들어가고, 싹이 트고, 꽃이 피어나고, 잎사귀가 자라고, 열매가 맺힐 때 일어난다. 은혜 안에서의 성장은 하나님의 구원의 경이를 점점 더 많이 알게 됨으로써 일어난다. 우리는 성경에서 전개되는 이야기가 제시하는 구원의 큰 그림으로 '조언을 받는다.' 우리는 성경 그림의 조각들을 맞추는 법을 익힘에 따라 '하나님의 생각을 좇아 생각'함으로써 성장한다.

1905년의 어느 시점, 레닌은 트로츠키가 정통 마르크스주의자에 미치지 못한다고 판단하고 마르크스와 엥겔스를 좀 더 많이 공부하라고 트로츠키에게 조언했다. 레닌은 혁명적 관행만으로 충분하다고 생각하지 않았다. 레닌이 보기에 트로츠키는 당(黨)의 정책에 대한 기초가 부족했다. 훗날 독자 노선을 택한 트로츠키가 멕시코로 망명하자 스탈린은 트로츠키를 신속히 처리했다. 마르크스주의자들은 이렇게 자신들의 '이론'을 매우 진지하게 받아들이는 게 분명한데, 그리스도인들은 성경의 가르침에 대해 이와 같은 존중을 보이는가?

신자들을 위해 기도할 때 사도들은 흔히 사랑과 진리를 아는 지식이 자라고, 영적 지혜와 총명이 자라기를 기도했다.[1] 오늘날에는 기독교 신앙의 기초를 아는 지식이 부족해도 이를 너무 사소하게 취급하지 않는가? 교회들은 교회가 원래 해야 할 일, 즉 사람들을 교훈하고 성경의 가르침으로 기반을 만들어 주는 일을 제대로 해내고 있는가? 교회가 그렇게 해 주어야만 신자들은 자신들이 믿는 내용에서 자라 가서 삶의 폭풍우를 버텨 낼 수 있다. 우리 시대의 교회는 방법과 수단이 차고 넘침에도 가르침에 미흡한 경향이 있다.

사도 베드로는 자신의 두 번째 서신 결말에서 다음과 같이 권면하는 말을 남긴다. "우리 주 곧 구주 예수 그리스도의 은혜와 그를 아는 지식에서 자라 가라." 이는 편지 서두에서의 인사말을 반영한다. "하나님과 우리 주 예수를 앎으로 은혜와 평강이 너희에게 더욱 많을지어다 그의 신기한 능력으로 생명과 경건에 속한 모든 것을 우리에게 주셨으니 이는 자기의 영광과 덕으로써 우리를 부르신 이를 앎으로 말미암음이라."[2] 은혜와 지식이 성장과 연결되어 있다면, 처음에 땅에 심기고 뿌리 내리는 단계에서 정확히 어떻게 성장 단계로 나아가게 하는가? 이 장에서는 그 질문에 답변해 보도록 하겠다.

뿌리 내리기는 아래 방향으로, 땅속으로 진행되며, 위쪽으로 눈에 보이게 진행되는 성장은 숨겨진 생명력의 증거다. 평범한 나무는 가

---

1) 빌 1:9, 골 1:9, 살후 1:3, 약 1:5.
2) 벧후 3:18. 1:2-3, 8, 11, 2:20도 보라.

지 길이보다 두세 배 더 넓게 뿌리를 뻗어 나가며, 건조한 환경에서는 다섯 배 길이까지 뿌리를 뻗는다. 감추어진 뿌리는 나무의 안정적 성장에 중요하다. 땅 위에서 이루어지는 성장은 땅 아래에서 모든 일이 다 잘되고 있음을 보여 준다.

성부 하나님은 신자들을 그리스도 안에 심어 뿌리 내리게 하시며, 이들이 아들 신분의 복을 함께 나누어 받게 하시고 자신의 기업도 함께 물려받게 하신다. 우리의 삶은 하나님의 구원 이야기에 직접적으로 바탕을 두고 있고, 우리는 하나님 백성의 일원이 됨으로써 안정성을 얻는다. 성장은 우리가 그리스도에 대해 더 많이 알아 감에 따라 점점 뚜렷이 눈에 보인다. 또한 성령의 사역으로 열매도 나타날 것이다.

성장 과정에서는 모든 것이 자기 자리가 있으며, 시간이 지나면서 발현되기 시작한다. 프랑스 남부에 살 때 우리 가족은 '벚나무 산책길'이라는 산책로를 즐겨 찾았다. 계절이 바뀔 때마다 우리는 아몬드나무, 벚나무, 올리브나무, 포도나무가 커 가는 것을 관찰했다. 아몬드나무가 2월 초에 가장 먼저 꽃을 피웠고, 벚나무는 4월에 꽃을 피운 뒤 6월 중순쯤 열매 맺을 준비를 했다. 올리브나무는 생장 속도가 훨씬 느려서 느지막이 12월이나 1월에 수확했고, 때로는 첫서리가 내린 후에야 열매가 까맣게 익었다. 봄에 내리는 서리는 벚나무의 큰 훼방꾼이다. 농부들은 벚나무에 서리가 내리는 것을 막으려고 과수원에 불을 피우기도 했다.

마찬가지로, 그리스도 안에서 자라는 것은 느리게 진행되는 과정이며, 부수되는 위험이 있다. 주된 성장 수단은 그리스도 안에서 구원에 관한 지식을 진전시켜 나가는 것이다. 그 지식은 우리가 구원을 위해 그리스도를 믿게 도와준다. 그리스도를 신뢰하면 그분에 대한 사랑이 자라난다. 이제 앞 장에서 말한 내용에서 한 걸음 더 나가 몇 가지 원리를 이야기해 보겠다. 그리고 이어지는 장들에서는 성숙과 열매 맺기에 관해 살펴보겠다.

신자들은 성경의 가르침으로 놓은 터 위에 어떻게 신앙을 세워 나가는가?

점진적 발육

신약성경은 농사에서 성장 모형을 가져올 뿐만 아니라 개인의 성장 발육에서도 또 한 가지 눈에 띄는 사례를 가져온다. 아이는 어른이 된다. 아니, 어른이 되어야 한다. 고린도전서 3장 1–3절에서 바울은 마땅히 자라야 할 만큼 자라지 못한 고린도 신자들을 꾸짖었다.

> 형제들아 내가 신령한 자들을 대함과 같이 너희에게 말할 수 없어서 육신에 속한 자 곧 그리스도 안에서 어린아이들을 대

> 함과 같이 하노라 내가 너희를 젖으로 먹이고 밥으로 아니하
> 였노니 이는 너희가 감당하지 못하였음이거니와 지금도 못하
> 리라 너희는 아직도 육신에 속한 자로다.

몇 년 후 바울은 심기와 물 주기 비유를 끌어들여서 그리스도, 베드로, 바울, 아볼로 등 각각 다른 일꾼들이 성장에 이바지하는 똑같은 일을 한다고 말한다. 같은 장에서 바울은 또 다른 비유, 즉 하나님의 '전'을 세울 때 올바른 재료로 터를 다지고 그 위에 건물을 짓는 비유를 덧붙인다. 여기서 터는 그리스도이며, 그 터 위의 건물은 그리스도에 관한 사도들의 가르침을 잘 배워 앎으로써 세울 수 있다.

에베소서 4장 12-14절에서 바울은 아이에서 어른으로의 성장이라는 동일한 주제로 다시 돌아온다. 바울은 다음과 같이 말한다.

> 그리스도의 몸을 세우려 하심이라 우리가 다 하나님의 아들을
> 믿는 것과 아는 일에 하나가 되어 온전한 사람을 이루어… 이
> 는 우리가 이제부터 어린아이가 되지 아니하여….

유아기를 지나 성숙기로 들어가는 길은 이번에도 역시 '믿음과 지식'이라는 길이며 이 길이 우리를 그리스도에게까지 자라게 한다. 사도 베드로는 첫 번째 편지 2장 2-3절에서, 바울의 인도를 따라 이렇게 말한다.

> 갓난아기들같이 순전하고 신령한 젖을 사모하라 이는 그로 말미암아 너희로 구원에 이르도록 자라게 하려 함이라 너희가 주의 인자하심을 맛보았으면 그리하라.

바울과 마찬가지로 베드로도 신자는 "산 돌같이 신령한 집으로 [그리스도에게까지] 세워"진다는 개념을 갓난아기 비유에 덧붙인다. 여기서 "순전하고 신령한 젖"은 그리스도의 가르침을 가리키는 것이 틀림없으며, 이 가르침은 신자들을 다른 "산 돌"들과 함께 하나님의 건물에 딱 들어맞도록 세워 간다.

마지막으로, 히브리서 5장 11-14절부터 6장 2절까지에도 똑같은 권면이 등장한다.

> [예수님의 대제사장 사역에] 관하여는 우리가 할 말이 많으나 너희가 듣는 것이 둔하므로 설명하기 어려우니라 때가 오래 되었으므로 너희가 마땅히 선생이 되었을 터인데 너희가 다시 하나님의 말씀의 초보에 대하여 누구에게서 가르침을 받아야 할 처지이니 단단한 음식은 못 먹고 젖이나 먹어야 할 자가 되었도다 이는 젖을 먹는 자마다 어린아이니 의의 말씀을 경험하지 못한 자요 단단한 음식은 장성한 자의 것이니 그들은 지각을 사용함으로 연단을 받아 선악을 분별하는 자들이니라 그러므로 우리가 그리스도의 도의 초보를 버리고… 회개함…의

> 터를 다시 닦지 말고 완전한 데로 나아갈지니라.

사도는 6장에서 "하나님의 선한 말씀…을 맛보고도" 그리스도 안에서 성장하지 않는 위험을 계속해서 설명한다. 이렇게 성숙해 가는 과정은 "하나님의 말씀의 초보"인 젖을 먹다가 단단한 음식을 먹게 되고 "의의 말씀" 안에서 장성한 모습으로 나타난다.[3] 장성했다는 것은 선과 악을 분별하는 영적 반사 능력이 발전된 상태를 말한다.

이 모든 본문에서는 수신인들에게 익숙한 수수하고 친밀한 광경들이 씨실과 날실로 얽혀서 나무, 갓난아기, 거친 돌로 세운 건물의 신비한 성장 원리들을 설명한다. 경우마다 성장의 수단은 하나님의 말씀과 그 가르침이다. 성경의 가르침에서 유익을 얻는 것이 신자들의 최고 관심사여야 한다는 것은 계곡물처럼 명징한 사실이다. 그렇지 않다면 이는 영적 정체 상태와 거기 부수되는 위험에 우리 자신을 내맡기는 것이다. 영적 정체에 따르는 위험으로는 확신과 분별력 부족, 불확실함과 혼란스러운 생각, 바로잡히지 않은(육체적) 방식의 나쁜 습관, 타락 등이며, 이 모든 것은 우리가 성장을 위해 하나님께서 마련해 주신 수단들에 연결되어 있지 않기 때문이다.

사실이 그렇다면, 이는 축구 선수가 되기를 꿈꾸면서 공 다루는 연습도 하지 않고 그 꿈이 이루어지기를 바라는 어린아이와 같다.

---

[3] 히 5:12.

바울이 디모데를 지도하다

디모데후서 3장 15-17절에 바로 이 점이 강조되어 있다. 이따금 이 점이 간과되는 것은, 16절이 중요하기에 이 구절에 집중하다가 이 구절이 하나님의 영감을 받은 이유를 그냥 뛰어넘게 되기 때문이다. 성경이 영감을 받았다면, 이는 마치 하늘에서 직접 떨어진 것처럼 누구도 반박할 수 없는 흠 없는 본문을 만들기 위해서가 아니다. 하나님이 택하신 교훈의 수단으로서, 영감은 특정한 역사적 상황에서 하나님이 자기 백성과 계속 관계를 맺으시는 모습을 기록한다. 위의 본문을 생각해 보자.

> 또 어려서부터 성경을 알았나니 성경은 능히 너로 하여금 그리스도 예수 안에 있는 믿음으로 말미암아 구원에 이르는 지혜가 있게 하느니라 모든 성경은 하나님의 감동으로 된 것으로 교훈과 책망과 바르게 함과 의로 교육하기에 유익하니 이는 하나님의 사람으로 온전하게 하며 모든 선한 일을 행할 능력을 갖추게 하려 함이라.

본문의 역동성을 다음과 같이 제시할 때 성경의 가르침의 지극히 중요한 본질이 강조된다.

- 토대가 되는 원리: 성경을 아는 지식
- 실질적 원리: 유익한 가르침, 책망, 바르게 함, 교육
- 당면한 목표: 살아갈 수 있는 능력
- 최종 목표: 그리스도를 믿는 믿음을 통한 구원

디모데의 멘토로서 바울은 디모데 본인은 물론 다른 사람들을 세워 갈 지식을 충분히 갖추라고 권면한다. 이는 디모데가 말씀을 설교하기 위한 토대가 될 텐데, 왜냐하면 디모데 자신이 이 지식에 장성했기 때문이다.

바울은 디모데가 전할 말씀의 본체에 관해 말하고 있으며, 그 본체는 바로 디모데가 어렸을 때부터 알던 성경이다. 성경은 디모데를 지혜롭게 해서 구원에 이르게 하고 하나님 보시기에 선한 삶을 살게 만들 지식의 근원이다. 또한 성경은 디모데를 무장시켜서, 자기 욕망에 이끌리거나 "바른 교훈"을 견디지 못해 진리에 귀 기울이기를 그만두는 사람들에 맞설 수 있게 할 것이다. 이런 사람들은 결국 "허탄한 이야기"에 넘어간다. 이 일은 그리스도의 강림 전, 마지막 때에 일어날 것이다.[4]

성경을 아는 지식이 자란다는 것은 개인적 이해를 통해 지평이 깊어지고 넓어진다는 의미인데, 왜냐하면 그것이 유익하기 때문이다.

---

[4] 딤후 4:1-4. 대다수 해석가는 여기서 "성경"이 구약성경을 가리킨다고 생각한다. 소수 입장이긴 하지만 나는 바울이 구약성경 및 신약성경의 새 정경 문서들을 가리킨다고 생각한다. 디모데가 4:1-5에 묘사된 상황에 효율적으로 대처하려면 사도들의 가르침에 대한 지식이 필요할 것이다.

"책망"은 틀린 것을 성경의 가르침으로 교정하는 것이고, "바르게 함"이란 바로잡는 것이다. 그리고 이 모든 것이 "교육"(training)의 한 부분이며, "교육"은 선한 삶이라는 체육관에서 규칙적으로 운동하여 건강한 영적 반사 능력을 조율하는 것이다.

이것이 성경의 목적이라면, 우리가 **어떻게** 성경의 가르침에 대한 초보적 이해에서 벗어나 균형 잡힌 신앙을 갖게 되느냐는 실제적 질문이 나오게 된다. 이 목적을 위해 우리에게 성경이 주어졌는데, 시작을 어떻게 해야 할까?

우선, 어린 신자들은 수영을 처음 배우는 아이들과 같다. 아이들은 먼저 얕은 물에서 손발 놀리는 법을 힘들게 연습한다. 그런 다음 규칙적 연습을 통해 점차 깊은 물로 혼자서 나간다. 내가 생각하기에 바울이 말하는 "의로 교육한다"는 말은 바로 이 뜻인 것 같다. 물놀이터에서 놀다가, 올바른 삶을 위한 올바른 생각이라는 영적 훈련과 연습을 통해 점점 더 깊은 물로 나가는 것이다. 그렇다면 성경 읽기, 기도, 훌륭한 성경 강해 듣기를 규칙적으로 실천하는 것 말고 우리가 스스로 할 수 있는 일이 무엇이겠는가?

성경이 우리를 지도하다

우리가 할 수 있는 일이 무엇인가 하는 질문은 한가로운 사색이 아니다. 아기들은 몸무게를 늘리는 방법 같은 것은 생각하지 않지만, 엄마들은 아기의 몸무게가 늘지 않으면 그날부터 날마다 아기를 체중계에 올려놓고 확인한다. 나무는 자기가 자란다는 의식을 갖고 자라지 않지만, 정원 가꾸는 이는 나무의 성장을 촉진하려고 비료를 준다. 집은 집터에서 마술처럼 생겨나는 게 아니라, 설계대로 잘 지어지고 있는지 건축자가 확인한다. 그리스도인으로서 우리는 자기 자신을 점검하고 엄격하게 단속하라고 성경에서 자주 권고받는다.

성경을 깊이 파고들어 가면 주요 가르침들에 아주 쉽게 접근할 수 있다. 평범한 사람도 성경을 읽다 보면 성경이 하나님의 주권, 선택, 창조, 섭리, 신인(神人)으로서의 예수님, 새로운 탄생과 구원, 은혜와 심판, 고난, 그리스도의 재림, 그 밖의 수많은 것에 관해 이야기한다는 것을 알 수 있다. 그렇다고 해서 사람들이 이 가르침들을 좋아한다거나 쉽게 받아들인다는 뜻은 아니고, 혹은 이 가르침들을 자기 사고방식과 생활 방식에 접목하고 싶어 한다는 뜻도 아니다.

몇 년 전, 존경받는 한 미국인 목사가 쓴 『하나님의 주권』(The Sovereignty of God)이라는 멋진 제목의 책을 스위스의 한 기독교 출판사에서 번역 출판했다. 그런데 복음주의 그리스도인들이 그 제목에 이의를 제기하는 메일을 보내온 것을 받고 출판사는 큰 충격을 받았다! 이 사람들은 신적 주권 개념을 좋아하지 않았다. 이들은 이 개념이 인간의 자유를 대적한다고 생각했다. 그런 태도는 어디에서 시작되었는가? 오랜 세월 성경을 읽어 온 사람 중에도 선택이라는 말에 이르면 마치 뜨거운 숯을 밟은 고양이처럼 화들짝 놀라 책장을 넘기는 이들이 있다. 또 어떤 사람들은 그리스도의 신성 개념 앞에서 난처한 기색을 보인다. 이런 일이 생기는 이유는, 상당히 많은 사람이 여기저기서 골라 모은 태도를 가지고 성경의 가르침에 접근하기 때문이다. 초콜릿과 마시멜로는 먹고 민트는 빼놓는다고 해 보자. 이런 사람들은 제한된 것만 맛보는 사람들이다. 이들은 자기가 싫어하는 주제나 현대인들의 자세에 의문을 제기하는 주제가 나오면 고개를 돌려 버린다. 무엇보다도 바로 이런 태도가 신자들을 유아 상태에 머물게 한다.

어떤 모양이든 신자로서의 성장을 알고자 할 때, 이렇게 '맛을 가리는' 자세는 역효과를 낸다. 이는 하나님을 피고석에 앉혀 놓고는 하나님이 하시는 말씀이 과연 마음에 드는지 살피기만 할 뿐 그 말씀으로 도전받지 않는 것과 마찬가지다. 이런 문제를 해결하는 유일한 방법은, 신적 계시로서의 성경이 하나의 통일성 있는 전체임을 받아들이는 것이다. 성경을 그렇게 받아들이는 것이 신자의 소명이다. 성경이 하는 말씀 중 마음에 드는 것만 골라 모으는 태도가 시련을 견디지 못하는 것은, 이런 태도는 곧 우리가 운전석에 앉아 있다는 뜻이기 때문이다. 우리는 예수님에게 운전대를 내드리지 않는다. 이는 하나님에 대한 신뢰 부족이나 우리를 향한 하나님의 큰 사랑을 제대로 알지 못한다는 것을 드러내는 태도다. 이런 태도는 중생하지 못한 시절부터 품었던, 하나님에 대한 깊은 의혹을 계속 지니고 있음을 보여 준다. 우리는 하나님이 우리를 모종의 핵무기로 공격하려 한다고, 우리에게서 자유나 즐거움이나 선택권을 빼앗으려 한다고, 우리를 꼭두각시로 만들려 한다고 생각한다. 그렇게 생각하고 있다면 우리는 여전히 반신적(反神的) 사고방식에 매인 상태이며, 우리를 향한 하나님의 사랑이 어머니가 자녀들에게 보이는 사랑 같아서 가장 좋은 것만 주고 싶어 한다는 것을 알지 못하는 것이다.

이런 난관을 극복하는 길은, 큰 그림과 같은 성경의 가르침을 겸손한 마음으로 더 깊이 이해하고, 그렇게 해서 오해를 바로잡는 것이다. 이는 앞에서 언급한 바울의 "책망과 바르게 함"의 한 측면이다.

큰 그림과 그 그림을 이루는 부분들

성경을 읽거나 성경 공부 모임에 참석하거나 설교를 들을 때 성경의 가르침이 보여 주는 큰 그림을 짜맞추는 게 어떻게 가능할까? 많은 신자에게 이는 넘을 수 없는 산이자 별로 오르고 싶지 않은 산인 것 같다. 이들은 절대 베이스캠프를 벗어나지 않는다.

생일이나 성탄절 때 선물로 받는 레고는 내 인내심을 시험했다. 내 손가락에 너무 작은 그 조그만 조각들을 짜맞추는 일은 내가 생각하는 명절의 즐거움이 아니었다. 남이 가르쳐 주는 것에 알레르기가 있었기 때문에, 누가 뭐라고 하든 내 생각대로 맞춰 나가는 것이 내 방식이었다. 레고가 제대로 만들어지지 않으니 동생들에게 원성을 들을 수밖에 없었다.

　기독교 신앙의 큰 그림 이상(vision)을 짜맞추기는 서로 다른 레고 조각을 조립하는 것과 비슷하다. 성경의 가르침은 서로 구별 가능하기도 하고 전체를 이루는 부분이기도 하다. 이 가르침들은 '신성한 문서'(sacred writings)로 한 꾸러미가 된다. 하나님의 은혜를 아는 지식으로 믿음이 자라려면, 조립되었을 때 앞뒤가 맞는 단일체를 이루는 개별 조각들을 짜맞추어야 한다. 성경이 여러 가지 서로 다른 명제로 진술하는 말들은 성경의 가르침에 접근할 수 있게 해 주고, 이 가르침들은 마치 레고 조각들처럼 서로 맞물리게 설계되어 있다. 우리는 성경의 진술과 가르침을 바탕으로 우리가 믿는 것의 모형을 짜맞출 수 있다. 어떤 면에서 우리의 이런 노력은 하나님의 생각 속에 존재하고 성경책에서 역사 이야기의 형태로 우리에게 주신 설계자 모형(designer model)을 닮았다. 전체를 개관하면 우리가 믿는 것이 하나님의 계시에 충실한지 점검할 수 있다. 나의 레고 체험처럼, 만든 사람이 보여 주는 모형을 따르지 않으면 우리는 곧 어려움에 빠진다. 하지만 성경책을 다시 참조함으로써 이 문제는 바로잡힐 수 있다.

　그래서 성경을 공부할 때는 다음 요소들을 생각해야 한다.

- 성경은 그 가르침과 규칙이 모두 확정된 상태로 하늘에서 떨어진 신학 교과서가 아니다.
- 성경은 하나님의 구원 이야기를 따라 점진적으로 전개되며, 성경의 적절한 가르침은 결정적 순간에 더 뚜렷이 드러난다.
- 우리는 조각들이 서로 어떻게 다르고 하나의 그림으로 어떻게 함께 들어맞는지를 존중하면서 그 조각들을 조립함으로써 성경의 가르침의 모형을 짜맞춘다.
- 이렇게 해서 나오는 결과는 성경에 기록된 말의 반복이 아니라, 전체 성경의 가르침을 제시한다.
- 우리가 만드는 모형은 하나님의 계획 속에 존재하는 큰 그림의 축소판이다.

모든 참 신자는 하나님이 성경에서 계시하신 것을 존중하고 싶어 한다. 신적 계시에 충실하고자 하는 사람치고 모형을 짜맞출 때 성경을 무성의하게 대하는 사람은 없다. 성경을 공부하기는 하지만 성경의 권위를 믿지 않는 사람은 때로 멀쩡한 정신으로도 이런 말을 한다. "내가 보니 성경은 이러저러한 말을 한다. 하지만 그 문제에 대한 내 입장(내 진리)은 다음과 같다…." 그런 신학자가 한 사람 있는데, 성경 기록자들은 성경이 명제적 진리로 구성되었다고 믿었지만 현대인인 자신은 그 견해를 받아들일 수 없다고 말할 정도로 솔직한 사람이었다. 어느 날 그 신학자가 내게 훌륭한 질문을 했다. "웰스

씨, 솔직히 디모데후서 3장 16절에서 말하는 대로 성경의 영감을 믿지는 않죠?" 그 질문은 부정적 답변을 하라고 상대에게 부담을 주고 있었지만, 내 대답은 그를 실망하게 했다.

이렇게 비판적으로 성경에 접근하는 태도는 아주 편안해 보일지도 모른다. 성경에서 현대인의 심리에 들어맞는 요소들만 고를 수 있기 때문이다. 많은 사람이 그리스도라는 존재는 믿지만 성경은 믿지 않는다고 말한다. 하지만 이런 태도는 결국 다음과 같은 두 가지 불편한 결과 중 하나로 이어진다. 먼저, 진리의 섬 하나 시야에 보이지 않는 상태로 거친 바다를 표류하게 된다. 그럴 거라면 도대체 왜 그리스도인으로 사는가? 아니면, 모든 것을 받아들일 수는 없더라도 무언가는 붙잡을 수 있게 해 주는, 골라서 뒤섞는 태도로 마른 땅을 찾는다. 하지만 이는 자기가 앉아 있는 가지를 톱질하는 것과 마찬가지다. 전부를 다 신뢰하지 못한다면 어떻게 그중 한 가지라도 받아들일 수 있단 말인가? 위의 두 가지 태도 모두 딜레마를 보여 준다. 둘 다 신앙 자체와 모순되기 때문이다.

이 지점에서 어떤 사람은 "하지만 성경의 가르침들을 딱 끼워 맞추는 방법을 모르겠어요. 그게 어떻게 가능하죠?"라고 말한다. 기억하라. 우리는 지금 하나님과 하나님의 계시를 아는 지식에 관해 이야기하고 있다는 것을. 이 지식은 우리가 아니라 하나님에게 속해 있으며, 그런 이유로 우리는 하나님이 하시는 말씀에서 지혜와 통일성을 발견하기를 기대할 수 있을 뿐이다. 하나님은 모든 성경 기록자를 통해 100퍼센트 말씀하신다. 이 기록자들이 비록 우리와 마찬가지로 한계를 지닌 인간들이지만 말이다. 그렇다면 우리는 어떻게 지혜와 통일성을 발견할 수 있을까?

레고 조각들은 우리의 실패에도 불구하고 다 짝이 맞는다. 이는 다만 어떻게 끼워 맞추느냐의 문제일 뿐이다. 그것이 바로 "의로 교육"하기의 일부로서 우리가 알아야 할 부분이다. 우리는 세 가지 이유에서 긍정적 결과를 기대할 수 있다.

첫째, 성경은 그 자신을 하나님의 말씀으로 입증한다. 이 단계에서 이는 성경이 다양한 가르침 간의 관계를 우리에게 보여 준다는 의미다. 선지자들과 사도들은 자신의 기록에서 성경의 가르침들이 어떻게 상호 연관되고 어떻게 서로를 암시하는지를 보여 준다. 신약성경이 구약성경을 예언의 성취로 언급하는 방식을 보면 특히 그렇다.

둘째, 성령의 사역은 그리스도의 백성을 진리로 인도하려는 것이며, 성령의 증언은 성경의 진리를 볼 수 있게 도와준다. 누가복음 24장 44-47절에서 예수님은 함께 길 가는 사람들에게 자신에 관한 진리를 일깨워 주시려고 구약성경을 언급하신다. 우리는 성령님이 우리 눈을 열어 주셔서 우리 스스로는 자연스럽게 알 수 없는 일들을 보게 해 주시기를 기대할 수 있다.[5]

---

5) 시 119:18. 요 16:13에서 예수님은 "진리의 성령이 오시면 그가 너희를 모든 진리 가운데로 인도하시리니"라고 말씀하시는데, 이는 주로 제자 겸 사도들에게 적용되는 말씀이지만, 이들의 가르침을 통해 이차적으로 신자들에게도 적용된다.

하지만 큰 그림을 보는 세 번째 방법이 있는데, 이 방법의 가치를 복음주의 진영에서 늘 제대로 알아보지는 못한다. 하지만 위험을 무릅쓰고 이 길을 가는 사람이 우리가 처음은 아니다. 선행자들이 우리에 앞서 문제를 마주했고, 성경적 신앙을 멋지게 요약하여 남겨 주었다. 신앙의 선배들이 그렇게 요약하여 남겨 준 것이 니케아신조든, 루터와 칼뱅의 요리문답이든, 하이델베르크나 웨스트민스터 요리문답이든, 또는 개혁주의나 개혁파 침례교 (사보이) 신앙고백이든, 이런 문서들에 무지한 탓에 우리는 자신을 허약하게 만든다. 이런 문서들을 알면 성장하는 신앙의 구조를 세우는 데 엄청난 이익이 된다. 신자로서 신앙 성장의 도구를 갖추고자 한다면, 이런 문서들이 좋은 출발점이 될 수 있다.[6)]

이런 고전 문서들의 한 가지 이점은, 우리 믿음의 내용을 전체적으로 파악하고 균형을 잡으며 중요하지 않은 문제에 너무 집중하지 않게 해 준다는 것이다. 많은 교회의 경우, 사람들은 균형이 빠져 있다. 이들은 기독교의 가르침의 단 한 가지 측면에 전문가가 됨으로써 다른 중요한 가르침들을 간과한다. 예를 들어, 지난 시대에는 성결한 삶·세대주의·그리스도의 재림에 집중했고, 요즘 신자들은 흔히 영적 은사·강력한 영적 체험·금식·명상 등이 관심 영역이다. 이런 신자들은 슬프게도 교리 면에서 왜곡되어, 몸은 지나치게

---

6) 이런 역사적 교회 문서들이 링크된 곳으로는 https://reformed.org/historic-confessions/를 참조하라.

성장했지만 머리는 완두콩만큼 작으며, 안타깝게도 매우 잘 속아 넘어가는 경향이 있다.

큰 그림 이해하기

둘레가 70센티미터, 무게가 450그램에 공기 압력 1.1기압으로 부풀려진 축구공을 머릿속에 그려 보라. 이 공은 오각형(pentagon), 즉 변이 다섯 개인 조각을 이어서 만들었다. 이 공의 오각형들은 서로 잘 짜맞추어져서 전체를 이룬다. 성경의 가르침들도 마찬가지다. 이 가르침들은 이음매 없는 통일체로 모두 짜맞추어진다. 예를 들어, 성화(sanctification)라는 성경의 가르침을 생각해 보자. 성화라는 가르침은 성경의 다른 **모든** 측면과 연결되어 있지만, 특히 하나님의 거룩함 · 성령의 사역 · 칭의 · 새로운 탄생 · 죄와의 싸움 · 은혜 안에서 자라기 · 궁극적 견인(堅忍) 등과 밀접한 관계가 있다.

실제적인 면에서 성경이 성화에 관해서 하는 말은 성경이 가르치는 모든 내용과 연관되지만, 특히 비교나 대조의 방식으로 이 개념을 조명하는 교리와 관련이 있다. 신자들은 성경의 가르침 및 이 가르침들이 어떻게 협력하는지 생각해 보고 하나님이 현실을 바라보시는 방식에 이를 도입해 보면서 "은혜와 진리를 아는 지식"이 자란다. 성경의 가르침들을 묵상하고, 기도하며 하나님을 섬기는 자세는 우리 삶의 외진 곳과 갈라진 틈에 빛을 비추어 준다. 그리고 빛은 성장을 촉진한다. "그가 빛 가운데 계신 것같이 우리도 빛 가운데 행하면 우리가 서로 사귐이 있고 그 아들 예수의 피가 우리를 모든 죄에서 깨끗하게 하실 것이요."[7] 이 빛은 생명이다. 하나님이 생명의 샘이시고, 그래서 빛에 노출되면 우리가 자라기 때문이다.

성경의 모든 구성 요소는 자동차 엔진 부품처럼 합력한다. 이는 중요하다. 자동차의 점화 플러그가 더러우면 차 운행에 영향이 미친다는 것을 우리는 잘 알고 있다. 더러움의 정도가 심하면 연비가 줄어들거나 차의 시동이 아예 안 걸린다. 마찬가지로, 성화 교리에 대한 지식이 불충분하면 성경 이해의 다른 측면에 영향을 끼친다. 예를 들어, 칭의와 성화를 혼합해서 칭의를 신적 은혜를 역동적으로 수납하는 것으로 만들어 버릴 수 있다. 혹은 총체적 성화나 완전을 믿을 수도 있다. 그것이 마치 이생에서 가능한 일인 양 말이다. 이는 죄에 대한 우리의 이해를 약화해서, 완벽한 거룩함이란 죄에 대한 자각적 앎이 전혀 없다는 뜻이라고 주장하게 만든다.

우리가 어떻게 생각하든, 성경의 모든 가르침은 서로 병행하면서 영향을 끼친다. 왜인가? 하나님은 한 분이시고, 그래서 하나님이 자신을 알리실 때 그 계시에는 통일성이 있기 때문이다. 그 통일성은 성경의 가르침에 대한 우리의 이해에 되울린다. 그래서 성화 교리를

---

[7] 요일 1:7, 시 36:9.

건전하게 이해하면, 이 교리를 하나님의 거룩함, 죄의 심각성에 대한 인식, 죄의 권세에서 풀려나 그리스도를 섬기는 일, '의롭다 여김 받은 사람인 동시에 죄인'으로서 그리스도인들이 모두 체험하는 분투, 은혜 안에서의 점진적 성장에 대한 이해와 연결해서, 천국에서 완전한 거룩함으로써만 성취될 완전에 이르게 한다. 무엇보다도 이런 이해는 매우 현실적이다. 왜냐하면 이런 이해는 이 교리가 성경에 기반을 두고 있다는 것을 존중하기 때문이다.

축구공 비유에서 또 한 가지를 강조할 수 있다. 지구에서는 누구도 달의 뒷면을 볼 수 없다. 달의 뒷면은 다른 쪽을 향하고 있기 때문이다. 마찬가지로, 내가 지금 있는 곳에서는 축구공의 뒷면을 볼 수 없고, 뒷면을 보려면 공을 돌려야 한다. 이는 우리가 하나님의 일들에 대해 완전한 지식을 가질 수 없다는, 하나님 자신의 지식 같은 지식은 가질 수 없다는 사실을 떠올리게 한다. 우리는 하나님이 계시하신 것을 보지만, 우리의 시야는 한정되어 있다. 우리는 사물을 하나님이 보시듯 볼 수 없다. 우리가 하나님을 아는 것은 하나님이 자신의 진리를 우리에게 계시하셨기 때문이지만, 그와 동시에 하나님은 우리를 초월하는 분, 모든 것을 다 아시는 불가해(不可解)한 분이시다. 이는 우리가 하나님과 하나님의 방식을 '이해하지' 못한다는 뜻이다. 그래서 우리는 하나님을 주권적이고 불가해한 분으로 알고 있다. 우리가 하나님을 인격적으로 알기는 해도, 하나님을 안다는 것은 사람을 아는 것과는 다르다. 하나님은 높고 거룩한 분이시며, 그래서 우리는 하나님을 그저 우리보다 조금 더 큰 분인 양 생각하는 함정을 피해야 한다.

그래서 성경의 가르침에 대한 우리의 지식에 통일성이 있다면 이 지식에는 다양성도 있다. 왜냐하면 우리의 그 지식은 언제나 부분적 지식이기 때문이다. 이 사실에는 네 가지의 중요한 연구가 뒤따른다. 첫째, 하나님을 참되고 진실하게 안다는 것은 그 앎에 관해 겸손하다는 의미다. 우리는 성경의 가르침을 알아야 하지만, 마땅히 알아야 하는 대로 알지는 못한다(영원 세상에 이르기까지는). 왜냐하면 더 알아야 할 것이 늘 있기 때문이다. 그뿐 아니라 우리는 **하나님**을 알고, 이는 그 자체로 우리의 보잘것없음을 인식하게 만든다. 둘째, 우리는 절대 자기 자신을 남보다 우월하게 여길 수 없다. 왜냐하면 무엇이든 우리가 아는 것은 다 자기를 계시하시는 하나님의 은혜에 달려 있기 때문이다. 하나님이 그렇게 해 주시지 않았다면 우리에게는 하나님을 아는 지식이 아예 없을 것이다. 셋째, 우리가 하나님의 계시로써 하나님을 참되게 안다면, 성경의 가르침에 대한 이해를 점점 쌓아 감에 따라 하나님을 좀 더 온전히 아는 지식이 자랄 수 있다. 마지막으로, 하나님을 안다는 것은 영생을 아는 것이다. 하나님의 말씀이 우리 안에 거하고, 우리가 아는 하나님은 불변하시고 영원하신 하나님이기 때문이다.[8]

---

8) 요 17:3, 요일 2:12-14.

이런 점들을 뒷받침하기 위해서는 이야기를 조금 더 확장할 필요가 있다.

하나님의 생각을 좇아 생각하기

우리가 신자로서 성장하는 것은 전능하신 하나님이 큰 은혜로써 우리가 **하나님의** 생각을 **좇아** 생각할 수 있게 허용하시기 때문이다. 하나님은 천국 가는 순례 여정의 '대략적 길잡이'로서 자신의 말씀을 우리에게 주셨다. 존 번연은 유명한 저서 『천로역정』에서 이 사실을 명민하게 확인했다. 그것이 얼마나 큰 특권인지 우리는 깨닫고 있는가? 하나님에 대한 이해가 깊어져 감에 따라 하나님을 아는 지식이 자라고, 우리는 신비한 방식으로 하나님의 생각과 똑같은 생각의 세계에 접근하게 된다. 두 사람이 같은 공간에 살면 서로 점점 닮아 가는 것처럼, 신자들은 하나님의 생각, 하나님이 기뻐하시는 것, 하나님의 이름에 찬송과 영광을 돌리는 것들과 친밀해짐으로써 하나님 곁에서 성장한다.

자동차 예화로 다시 돌아가 보자. 내가 알기로 평범한 자동차에는 3만여 개의 부품이 있다. 부품은 저마다 다 다르고, 부품마다 고유의 기능이 있고, 맞물리는 부분은 다른 부품들에 완벽하게 들어맞는다. 어떤 부품은 다른 부품보다 중요도가 크다. 미등(尾燈)이 작동하지 않아도 운전은 가능하다. 큰 다양성은 통일성의 일부로서, 통일성에 의미를 부여한다. 자동차 모터를 잘 아는 사람은 부품의 질을 확인한 뒤 여러 차 중 한 대를 고를 것이다.

성경의 가르침도 마찬가지다. 성경이 가르치는 내용에는 엄청난 다양성이 있다. 어떤 교리가 다른 교리에 비해 전체에 끼치는 중요성이 더 크기도 하다. 구속 역사에서 하나님의 능한 행위는 성경이 구체적으로 설명하는 모든 사실을 위한 중심 초점이다. 그 모든 교리적 부품은 서로 잘 맞추어져서 하나의 몸체를 이룬다. 하나님은 이 모든 부품이 어떻게 함께 들어맞는지 완벽히 알고 계신다. 하나님 자신에 대해, 그리고 자신의 계획에 속한 모든 것에 대해 하나님이 알고 계신 것이 가장 중요하다.[9]

이러한 진리 및 그와 관련된 다른 어떤 것에 우리가 어떻게 접근하느냐는 부차적인 문제다. 이는 하나님과 하나님의 계시에서 파생되고, 이에 의존한다. 하나님 안에는 살아 있고 영원한 지식이, 모든 것에 관한 모든 것을 포괄하는 지혜롭고 통일성 있는 '체계'가 있다.[10] 성경의 계시를 바탕으로 하나님과 파장을 맞추어 하나님의 생각을 생각함으로써 우리는 하나님의 계획에 포함된 모든 것에 관해

---

9) 성경에서 하나님의 계획, 목적, 작정을 나타내는 단어는 그리스어로 단수형인 '프로테시스'(*prothesis*)다.
10) 하나님에게는 '실존적 지식 체계'가 있다. 이는 하나님이 모든 것을, 그리고 과거와 현재와 미래의 모든 것을 아신다는 의미다. 이는 현대 사상의 터를 닦은 철학자 데카르트가 "나는 생각한다. 그러므로 나는 존재한다."가 아니라 "하나님은 존재하신다. 그러므로 나는 생각한다."라고 말했어야 한다는 의미다.

무언가를 알게 된다. 하지만 하나님이 신적 사고(思考)로써 알고 계신 대로 우리가 아는 것은 아무것도 없다. 바울은 영광 중에 계신 하나님에 대해 우리가 현재 알고 있는 것과 장차 알게 될 것에 관해 말하면서, 우리가 "거울로 보는 것같이 희미"하게 본다고 말한다. 우리가 현재 알고 있는 것은 묵음(默音) 상태의 어둠 속에 있다. 그러나 영원 세상에서는 그 모든 것이 화려한 천연색으로 바뀔 것이다.[11]

하나님의 계시의 통일성과 다양성을 이해하면 실제적 결과가 따른다. 이는 세상에 상이(相異)한 신학들이 존재한다는 사실, 많은 신자를 괴롭히는 그 사실을 이해하는 데 도움이 된다. 성경의 가르침 및 그 가르침들이 서로 조화되는 방식을 알면 일정한 확신이 생기며, 우리는 이런 확신을 목숨 바쳐 옹호하게 될 것이다. 신앙의 부차적 교리들을 예로 들어 보자. 이는 삼위일체, 그리스도의 인성과 신성, 혹은 속죄의 본질에 관한 성경의 가르침과 달리 비본질적인 것들이다. 부차적인 것들은 구원이라는 결과를 낳는 데 직접적으로 영향을 끼치지 않는다. 예를 들어 세례를 생각해 보자. 복음주의자들 사이에는 신자세례(credobaptism)가 성경의 가르침이라고 생각하는 사람들과 유아세례를 지지하는 사람들 간에 오래된 견해차가 존재한다.[12] 이 견해차는 궁극적으로 신구약성경, 그리고 언약에 따른 약속

---

11) 고전 13:12.
12) 신자세례를 옹호하는 이들은 신앙을 고백하는 사람에게만 세례를 주어야 한다고 믿는다. 한편, 성경이 유아세례를 허용한다고 믿는 사람들은 회심 후의 성인세례를 부정하지 않는다. 이들은 그리스도인 가정의 유아들은 언약 환경에서 자라므로 예외적 경우에 속한다고 여긴다.

의 통일성과 다양성을 어떻게 이해하느냐에 달려 있다. 이는 성경의 두 부분이 어떻게 서로 들어맞느냐의 문제다. 이는 복잡하고 예민한 문제다. 서로 다른 해석은 충분히 있을 수 있고, 세례를 직접적으로 언급하는 본문들을 단순히 인용하는 것만으로는 해결할 수 없다.

그런 견해차와 관련해 우리가 따라야 할 경험 법칙은 로마서 14장 5절의 법칙이다. 이 구절에서는 우상에게 바쳤던 고기에 관해 이렇게 말한다. "각각 자기 마음으로 확정할지니라." 앞의 구절들에서 바울은 타인을 경솔하게 판단하지 말라고 경계시켰는데, 우리는 다 그런 경향이 있다. 견해차는 우리에게 믿음으로 행하라고, 조금 다르게 생각하는 사람들에게 사랑을 실천하라고 권고한다. 해답은 훗날, 더는 "거울로 보는 것같이 희미"하게 보지 않는 날에 알게 될 것이다.

하나님의 지식과 우리의 지식과 관련해 함께 읽어 보아야 할 핵심 성경 본문 두 가지는 시편 139편과 고린도전서 2장에서 찾아볼 수 있다. 시편 139편은 모든 것을 포괄하는 하나님의 지식과 이에 대비되는 우리의 한계를 대조한다. 1-6절은 하나님의 지식이 우리에게 "너무 기이하"다고, 너무 "높아서… 능히 미치지 못"한다고 표현한다. 하나님은 우리를 아시며, 어디를 가든 우리는 하나님에게서 벗어나지 못한다(7-12절). 또한 하나님은 우리가 잉태되던 순간에서부터 우리 인생의 모든 나날에 걸쳐 우리를 친밀하게 아신다(13-16절). 시편 기자는 17-18절에서 이 사실들을 요약하면서 다음과 같이 외친다.

> 하나님이여 주의 생각이 내게 어찌 그리 보배로우신지요 그 수가 어찌 그리 많은지요 내가 세려고 할지라도 그 수가 모래보다 많도소이다.

고린도전서 2장 6-16절은 다른 방식을 취한다. 하나님의 지식과 우리의 지식을 대조하는 게 아니라, 영감받은 계시를 통해 우리가 어떻게 하나님의 생각을 알 수 있는지를 제시한다. 바울은 십자가의 메시지와 인간의 지혜가 상충한다는 것을 알고 있다. 그리스도가 십자가에 달린다는 것은 유대인에게는 수치스러운 일이다. 헬라의 이교도들에게 십자가는 어리석은 일이다. 이들이 생각하기에, 하나님은 영적인 존재이므로 십자가에 달리는 것은 고사하고 육체로 나타날 수 없기 때문이다. 이 두 집단 모두에게 그리스도의 죽음과 부활은 더할 수 없이 말도 안 되는 일이지만, 신자들에게 이는 하나님의 능력이다. 하나님은 인간의 지혜보다 지혜로우시다. 그래서 죽으시고 부활하시는 그리스도의 메시지는 이를 믿는 사람들에게는 구원이다.[13]

사도 바울은 어떻게 그렇게 이상한 발언을 할 수 있을까? 바울은 다음 장에서 자기주장을 펼친다. 이는 "성령의 나타나심과 능력"이요, "온전한" 자들을 위한 "감추어졌던 지혜"로, "이 세대의 통치자

---

13) 고전 1:26-30.

들이 한 사람도 알지 못하였"던 지혜다. 이들이 이 지혜에 대해 조금이라도 통찰이 있었다면 "영광의 주를 십자가에 못 박지 아니하였"을 것이다. 바울은 자기 생각의 흐름을 9-16절에서 풀어 놓는다.

1. **하나님은 더할 나위 없이 완전한 자기 이해를 갖고 계신다.** "하나님의 깊은 것까지도 통달"하시는 성령님은 이런 일들을 바울에게 알려 주셨다. 사람만이 감추어진 자기 생각을 아는 것처럼, 성령님도 하나님의 가장 깊은 생각 구석구석에까지 미쳐서 이를 드러내신다.
2. **성령님은 부활하신 그리스도께서 주신다.** 바울의(그리고 바울과 함께한 다른 사도들의) 말은 성령님의 가르침을 받은 이들이 맺은 열매다. 이들은 그리스도의 증인으로서 설교한다. 이들이 하는 말은 성령님의 사역의 결과다.
3. **이런 일들은 영적으로 이해된다.** 부활하신 주님으로부터의 교훈으로서, 이런 일들은 세상의 지혜와 대립한다. 영적으로 이해되는 일들을 통해 바울은 "우리가 그리스도의 마음을 가졌느니라"라고 말한다. 사도들의 말은 성령님의 영감을 통해 그리스도 자신의 마음이 표현된 것이다.

인간이 그리스도의 "마음"을 가질 수도 있다는 것은 깜짝 놀랄 만한 일이다. 이는 무슨 의미일 수 있을까? 영감받은 사도들은 그리스도의 증인으로서 '신비'를 미리 들여다볼 수 있었다. 그리스도의 마음을 가졌다는 것은 그리스도의 죽음과 부활에서, 그리고 그의 나라가 도래하고 백성이 구원받는 데서 열매를 맺은 하나님의 중대한 계획을 통찰할 수 있다는 뜻이다. 언젠가는 영화가 처음부터 끝까지 상영될 것이다. 사도들은 그 영화의 예고편, 즉 예수 그리스도에 관한 부분을 보았다. 성경은 그분에게로 귀결되고 그분에게서 나온다. 그러므로 그리스도의 마음을 알면 이 엄청난 계획을 그리스도께서 친히 아시듯 알게 되니, 즉 그리스도가 누구시며 세상에 들어와서 성취하신 일이 무엇인지를 알게 된다.

하나님의 영이 측량하는 "하나님의 생각"에는 하나님의 영원한 위격과 지식의 반경 안에 존재하는 모든 것이 포함된다. 그 반경 밖에는 아무것도 없으며, 성령님은 "하나님의 생각을 아신다."[14] 이 감추어진 신비한 지식은 하나님이 자기 영으로써 자신의 구원을 계시해 주신 사람들에게 드러난다. 부차적이고 파생적인 면에서 성령님에게 감사할 것은, 이 사람들은 하나님의 심오한 목적의 일단을 파악할 수 있다. 성경이 우리에게 하나님의 목적을 알 수 있는 열쇠를 준다.

이는 어떻게 우리가 그리스도 안에서 성장하는 것을 도와주는가? 이는 우리를 강하게 해 준다. 왜냐하면 성경적 사고는 세상의 지혜라는 바이러스에 면역을 갖게 해 주기 때문이다. 불신자들이 기독

---

14) 고전 2:11.

교를 아무리 조롱하든, 그리스도를 아는 사람들은 당대에 유행하는 의견들에 맞서 그리스도 안에 있는 구원을 굳게 붙들 것이다. 하나님은 어떤 일들을 우리에게 계시하기로 하셨으며, 우리에게 알리기로 하지 않으신 일은 우리가 지금 당장 알 필요가 없다! 우리가 이해하지 못할 일들이 많지만, 꼭 이해할 필요는 없다. 왜냐하면 우리가 아는 일들이 확실하고 분명하기 때문이다. 왜 확실하고 분명하냐면, 이 일들이 인격체와 관련된 일, 예수 그리스도 안에서 알려진 은혜와 진리에 구체적으로 초점을 맞춘 일이기 때문이다. 성경을 아는 지식은 우리를 공상의 세계로 비약하게 만들거나 교만하게 만들지 않고, 오히려 예수님에게로 구체적으로 우리를 인도하니, '그분을 아는 것이 영생'이다. 예수님은 우리가 이 세상에서 아는 그 밖의 모든 것의 큰 그림에 대한 열쇠이시다.

하나님의 생각을 좇아 생각할 수 있는 것보다 더 큰 특권이 있는가? 하나님의 지도에 맞춰 구원의 노래를 부르는 것보다 더 큰 특권이? 믿음은 여린 묘목 같을지 모르나, 그리스도 안에 깊이 뿌리 내리고 하나님의 길을 아는 지식으로 높이 자라면, 강풍에 휘일 수는 있어도 결코 부러지지 않을 것이다.

한계를 인식하기

하나님의 지식과 우리의 지식의 현저한 차이는, 영원과 현세, 혹은 무한과 유한의 차이만큼이나 측량 불가능하다. 이는 원과 그 원 안에 있는 육각형 간의 차이로 설명할 수 있다. 원은 하나님의 무한하고 영원하고 완전한 지식을 나타낸다. 이 원은 육각형, 즉 우리의 지식으로 채울 수 없으며, 그저 여섯 개의 꼭짓점에서 원주와 접할 뿐이다. 하나님의 일들에 대한 우리의 지식은 실제적이고 참되다. 하나님의 말씀에 근거한 이 지식은 육각형이 원과 접하듯, 주님이 계시하신 지점에서 하나님의 지식과 만난다. 하지만 이 지식은 제한적이다. 여섯 개의 꼭짓점 외의 다른 모든 곳에는 원과 만나는 부분이 없기 때문이다. 하나님은 우리를 초월해서, 이 그림이 보여 주는 것보다 훨씬 더 초월해서 계신다. 이 그림은 하나님의 영원한 위대함을 그려 보이는 데는 미치지 못하기 때문이다.

성경의 가르침에 대한 우리의 이해는 참되지만, 이는 그저 하나님의 지식에 근접한 지식일 뿐이다. 우리 중에 하나님과 무언가를 의논하는 고문단이 될 만한 사람은 아무도 없다. 그것이 바로 욥이 시련 후에 깨닫게 된 사실이다. 욥기 마지막 장에서 욥은 머리를 조아려 사죄했다. "나는 깨닫지도 못한 일을 말하였고 스스로 알 수도 없고 헤아리기도 어려운 일을 말하였나이다… 그러므로 내가 스스로 거두어들이고 티끌과 재 가운데에서 회개하나이다."[15]

"깨닫지도 못한 일"을 우리는 어떻게 다루는가? 그리고 그 일은 그리스도인의 성장에 어떻게 영향을 끼치는가? 성경의 어떤 난제들은 정말로 우리가 다루기에는 너무 벅차 보인다. 이런 문제들은 사람들을 붙잡아 세워 놓고 발전을 가로막는다. 요한복음 15장의 비유를 예로 들자면, 사람들은 포도나무에 가지로 붙어 있으면서도 생명을 주는 수액을 빨아들여 무성해지기보다 그냥 매달려만 있을 수 있다. 이들은 하나님의 진리에 회의적으로 되고 성경의 계시에 의문을 품거나, 강아지가 자기 꼬리를 쫓듯 몇 년째 똑같은 문제 주변을 맴돌 수 있다. 더 심각한 것은, 어쩌면 이들이 그릇된 교리(이단)라는 곁길로 빠질 수도 있다는 것이다. 신자의 성장이 답보 상태이거나 퇴보할 때, 이 틈을 타서 유혹이 닥치는 경우가 드물지 않다. 그 유혹에 넘어가면 성경이 가르치는 내용에 반하는 도덕적 선택이 이루어진다. 우리 마음이 완악해지고 양심이 무뎌질 때 이런 일이 일어나기 쉽다.

성경이 분명히 가르치는 내용에 대해 모호한 태도를 보이면 영적

---

15) 욥 40-42장, 42:4-6.

인 삶이 훼손된다. 하나님에 대한 신뢰가 약화하고, 그러면 기대 수준이 낮아지기 때문이다. 사실상 하나님의 위대함을 격하시키는 태도는 하나님을 하나님으로 받아들이기를 거부하고 우리 방식대로 하고자 하는 모습으로 표현된다. 이는 생각보다 심각한 일이다. 우리 자신을 기만하고 직접적이든 간접적이든 하나님을 거짓말쟁이로 만들기 때문이다.[16]

어떻게 하면 우리 지식의 한계를 정확히 알고 이것을 부정적 요소에서 성장에 도움이 되는 요소로 바꿀 수 있을까? 이와 관련해 생각해 볼 만한 것 세 가지가 떠오른다. 성경에서 말하는 신비(개역개정 성경에서는 대개 '비밀'로 번역됨–역주)의 개념, 계시에서 우리가 기대할 수 있는 정보의 유형, 그리고 성경에서 볼 수 있는 역설의 중요성이 바로 그 세 가지다.

첫째, 하나님 및 하나님의 계시와 관련해 '신비'에 대해 말할 때는 조심스럽게 걸음을 내디뎌야 한다. 신적 신비는 비합리적이거나 비이성적이거나 비논리적이지 않다. 하나님은 전지하시며, 이는 하나님이 외적으로나 내적으로나 어떤 식으로든 임의적이거나 자신의 위격과 사역에 모순되지 않으신다는 의미다. 하나님에게 인간과 비슷한 어떤 임의성이 있을 수도 있다는 생각은 버리라!

우리의 이해를 초월하는 것이라고 해서 하나님의 이해를 초월하

---

16) 롬 3:4, 요일 1:8.

지는 않는다. 우리의 이성은 유한하고 제한적이기 때문이다. 하나님의 이성은 어떤 면에서도 유한하거나 제한적이지 않다. 믿음은 이성에 반(反)하지 않으며, 다만 이성을 초월한다. 찰스 스펄전이 언젠가 말한 것처럼, 하나님을 신뢰함으로써 이성은 믿음 안에서 안식처를 발견한다. 신적 신비는 불가능의 영역에 있지 않으며, 우리가 온당하다고 생각하는 것에 대한 비합리적 반박도 아니다. 하나님은 완전하고 순전한 이성이시며, 하나님은 완전한 지혜이시다.

이는 기적에 대한 성경의 가르침으로 예시된다. 기적은, 출애굽 때 강한 바람이 홍해를 가른 것처럼 하나님이 자연 수단을 이용하실 때 일어날 수도 있고, 예수님이 가나에서 물을 포도주로 바꾸셨을 때처럼 우리를 완전히 초월한 일일 수도 있다. 이런 일은 우리의 설명 능력을 넘어서는 일이지만, 이해는 가능하다. 하나님이 만물의 창조주시라면, 자신의 통제 아래 있는 현실들을 다른 형태로 배치하실 수 있는 것이 확실하다. 하나님은 자기 집의 가구들을 이동시키실 수 있으며, 심지어 태양이 24시간 동안 그 자리에 머물러 있게 하실 수도 있다. 하나님의 능력은 그 정도로 크며, 하나님 자신과 모순되는 일 외에는 못하실 일이 없다.

그래서 성경이 '신비'에 대해 말할 때, 이는 현대인의 사고 방식상 설명 불가능한 무언가를 뜻하는 비이성적인 일을 말하는 게 아니다. 성경에서 '신비'란 두 가지를 가리킨다. 바울이 이 말을 쓸 때 이는 흔히 그리스도께서 나타나시기 전에는 신비였던 어떤 일을 가리킨다. 전에는 감추어졌던 일이 성육신에서 드러났다. 새 창조 세계에서 유대인과 이방인을 연합시키려는 하나님의 계획이 열매를 맺었다. 하나님은 커튼을 젖혀, 시간의 탄생 때로부터 감추어져 있던 신비가 얼핏 드러나게 하셨다.[17] 바울은 종말을 위해 그리스도 안에 있는 하나님의 계획을 알릴 사람으로 부름 받았다는 사실에 깜짝 놀란다. 이 계획에 대한 지식은 하나님에게서 오되, 인간의 지혜나 통찰로써가 아니라 하나님의 마음을 알려 주는 영감을 통해서 온다.

동일한 주제가 디모데전서 3장 16절에서는 다음과 같이 변형되어 표현된다.

> 크도다 경건의 비밀이여, 그렇지 않다 하는 이 없도다 그는 육신으로 나타난 바 되시고 영으로 의롭다 하심을 받으시고 천사들에게 보이시고 만국에서 전파되시고 세상에서 믿은 바 되시고 영광 가운데서 올려지셨느니라.

감추어진 신성은 성자의 성육신에서 드러난다. 여기서 강조점은, 그럼에도 육신으로 나타나시고 부활을 통해 성령 안에서 승리하신 하나님 자신의 신비에 있다. 우리는 하나님의 신비 앞에서 난처한 기색을 보일 게 아니라 이를 찬미해야 하며, 피조물인 우리의 한계

---

17) 바울은 "복음의 비밀", "신비의 계시", "하나님의 비밀", "그리스도의 비밀", "천국의 비밀", "믿음의 비밀"이라는 말을 20회 이상 언급한다. 롬 16:26, 고전 2:7, 엡 3:3–6, 9, 골 1:26 등을 보라.

를 고백함으로써 하나님을 찬양해야 한다.

왜와 어떻게가 아니라 사실 자체

둘째, 위의 사실에 뒤이어, 하나님은 신비로우시기에 하나님이 자기 목적을 알려 주실 때도 그분에 대한 우리의 지식은 일정한 유형의 지식일 수밖에 없다. 장 칼뱅은 우리가 하나님을 하나님 자체로는 알 수 없고 다만 구원의 계시 안에서만 알 수 있다고 거듭해서 말했다. 우리는 **하나님이 존재하신다**는 직관적 지식은 자연스레 가질 수 있지만, 그것을 증명하지는 못한다. 하나님의 현존에 관한 논의는 좀 쓸데없는 일이다. 또한 우리는 **하나님이 어떤 분이신지** 본질적으로는 알지 못한다. 하나님의 존재 문제는 기독교 신자보다는 철학자들을 위한 문제다. 그리고 철학자들도 '완전한 존재' 개념으로는 더 깊이 있는 논의를 이어 가지 못할 것이다. 왜냐하면 하나님은 오직 하나님만이 아시고, 완전은 우리의 경험 속에는 존재하지 않는 것이기 때문이다. 하지만 그리스도의 신비가 계시된 것으로 볼 때, 우리는 **하나님이 우리를 선히 대해 주려고 하신다는 사실**을 알 수 있다.

이는 다른 식으로도 표현될 수 있다. 성경을 통해 하나님이나 하나님이 하신 어떤 일에 다가갈 때 우리는 우리의 인성(人性)과 우리의 죄성에 눈이 가려진다. 우리는 하나님이 하나님이시라는 **사실**, 하나님이 창조주요, 구속주시며 하나님이 자기 자신으로 계시하시는 그밖의 모든 것이시라는 **사실**을 알고 있다. 하지만 우리는 이런 현실들의 이면에 있는 **이유**와 **방식**은 알지 못한다. 이 점을 인식하면 답답해하며 머리를 쥐어박는 일을 피할 수 있고 쓸데없는 추측에서 벗어날 수 있다.

예를 들어, 우리는 하나님이 창조주시라는 **사실**은 알지만, 하나님이 **왜** 창조를 하셨는지, 혹은 **어떻게** 창조하셨는지는 알지 못한다. 어떤 과학자도 그 **이유**와 **방식**은 알지 못한다. 과학자들도 이런 문제들에 대해서는 다른 모든 사람보다 더 많이 알지 못한다. 만물의 기원을 설명하는 이론을 만들고자 할 때 이들은 그저 스스로 신이 되는 놀이를 할 뿐이다. 쓸데없이 **왜**와 **어떻게**를 따지는 일에 관여하지 않으면, "하나님이 세상을 어떻게 창조하셨는지 우리가 알지 못하므로 하나님은 그런 일을 하셨을 리가 없다."라고 말하게 만드는 회의주의의 큰 도랑을 피할 수 있다.

J. I. 패커는 속죄에 관한 유명한 소론 "십자가는 무엇을 성취했는가? 형벌 대속의 논리"에서 이와 비슷한 노선을 따라 논증을 펼쳤다.[18] 패커는 복음주의자들이 십자가에 대한 성경의 가르침에서 '왜'와 '무엇 때문에'를 설명하려고 함으로써 신비를 일소했다고 경고했

---

18) 참고, https://www.9marks.org/article/what-did-the-cross-achieve-thelogic-of-penal-substitution/

다. 우리의 목표는 **어떻게**나 **왜**를 설명하는 게 아니라, 그리스도께서 형벌과 희생의 방식으로 우리를 위해 죽으셨다는 **사실**을 수호하는 일이어야 한다. 설명하려는 욕구는 난제를 없애 버리고 싶어 하는 함정을 덮어 가릴 수 있다. 성경에서 말하는 **사실들**을 받아들이고 **어떻게**와 **왜**에서 멀리 벗어나는 것이 하나님을 신뢰하는 길이다. 이것이 하나님의 독특한 주권(Lordship)을 받아들이고 이 주권 때문에 하나님을 사랑하게 되는 길이다.

이 문제를 생각해 보면, 성경의 계시는 그 무엇에 대해서도 여러 가지 설명을 해 주지 않는다. 우리에게 필요한 것은 설명이 아니라, 우리의 믿음을 진작시키기 위해 하나님이 하신 일에 대한 지식이다. 하지만 이 지식에는 수많은 **사실**, 하나님이 행하신 그 모든 일이 담겨 있다. 이는 하나님의 약속의 토대다. 자기 백성을 위한 하나님의 약속은 하나님이 이미 행하신 일을 기반으로 이루어진다. 이는 믿음과 신뢰를 위해 성경에서 가장 중요한 부분들이며, 우리는 성경책의 이 부분에 밑줄을 긋고 소중한 삶을 위해 이를 굳게 붙들어야 한다. 하나님의 약속에 집중하면 경이감이 점점 커지고, 사랑을 고무시키고 소망을 품게 한다.

이런 접근법을, 예를 들어 예정 문제에 적용해 보자. 신자들은 종종 이 가르침에 걸려 좌초하고 난파한다. 이는 어김없이 등장하는 질문이다. **어떻게**와 **왜**를 두고 난제가 생긴다. 하나님은 왜 잭과 질은 선택하고 조와 제인은 선택하지 않으셨는가? 하나님은 자신의 선택을 어떻게 이루셨는가? 사람들이 예정에 대한 모든 개념을 거부하는 경향이 있는 것은 첫 번째 질문에 답변할 수 없기 때문이다. 두 번째 질문에 관해서는 인간의 자유의지를 끌어들여서 하나님이 어떻게 정당한 선택을 하셨는지를 설명하려고 한다. 하지만 사도 바울이 이 두 가지 질문 중 어느 하나라도 신빙성이 있다고 생각했다면 로마서 9장을 쓰지 않았을 것이다.

하나님이 어떤 사람들을 예정하셨다는 것은 성경 곳곳에서 확증된다. 하나님은 어떤 무작위의 이교도가 아니라 아브라함을 선택하셨고, 에서가 아니라 야곱을, 열방이 아니라 이스라엘을, 모든 사람이 아니라 그리스도의 교회의 지체들을 선택하셨다. 성부는 심지어 다른 어떤 수단이 아니라 성자가 우리를 위해 죽는 방법을 선택하셨나! 성자 안에서 우리는 선택된다. 에베소서 1장 4-11절에 "그리스도 안에서"라는 말이 얼마나 많이 나오는지 세어 보라. 이것이 바로 성경 기록자들이 예정을 문제로 보지 않고 언제나 찬양의 주제로 삼는 이유다. 사도 바울이 로마서 9-11장에서 이스라엘과 예정의 신비에 관해 이야기하면서 어떻게 결론을 맺는지 보라. 로마서 11장 36절의 송영으로 마무리한다. 이와 같이 하지 못한다면 우리는 곤경에 처한 것이다!

우리는 **왜**나 **어떻게**를 결코 알 수 없을 테지만, **사실**이 그러하다는 것은 분명히 안다. 선택의 경우, 그리스도 안에서 하나님의 선택을 받은 사람들이 있다는 사실은 그리스도를 믿는 믿음으로써 우리

가 부르심 받고 선택받았다는 사실을 확실히 하라고 우리에게 도전을 준다.[19]

동일한 원칙이 성경의 가르침 전반에 걸쳐 적용된다. 우리는 하나님을 신뢰하는 일의 한 부분으로서 성경의 가르침을 신뢰하라고 부름 받는다. 그런데 우리는 복잡한 논리적 설명으로 **왜**와 **어떻게**를 설명하려는 성향이 있으며, 이는 이치에 맞고 그럴듯할 수 있지만 성경적으로는 맞지 않다. 성경은 창조에 관해서든, 기적이나 섭리, 구원, 그리스도의 재림, 또는 천국에 관해서든 **어떻게**와 **왜**를 설명하지 않는다. 믿음은, 하나님이 무슨 일을 하시든 공의와 긍휼 없이 하시지 않는다는 것을 알고 그런 문제들을 그냥 그대로 두기를 요구한다. 하나님을 신뢰하라. 그리고 그 크심에 대해 하나님을 찬양하라.

역설과 함께 살기

마지막으로, 역설이 있다. '이율배반'(antinomy)이란 단어는 궁극적으로 모순되고 조화될 수 없는 진술을 나타내는 데 쓰인다. 반면 '역설'(paradox)은, 보기에는 모순되어 보이지만 검토해 보면 사실로 드

---

19) 벧후 1:10-11.

러나는 진술을 뜻한다. 하나님이 성경에서 자신을 드러내실 때, 하나님의 말씀 및 행위와 관련된 이율배반은 없지만 역설은 많다. 사실 성경은 역설로 가득하며, 우리는 이 역설을 포용하고 좋아하는 법을 익혀야 한다. 역설은 성경적이기 때문이다. 이런 한계를 존중함으로써 우리는 성경을 바탕으로 건전하고 견실하게 하나님을 아는 지식을 키워 갈 수 있다.

역설이 작동하기도 하고 꼭 필요하기도 한 이유는, 성경 계시를 성경 계시답게 하는 두 가지 요소 때문이다. 성경의 가르침은 하늘에서 떨어진 금빛 문서에 기록되지도 않았고, 문자 그대로 따라야 할 천상의 법칙 사본도 아니다. 또 한편으로 성경은 인간의 지혜를 모아 놓은 상세한 연감도 아니다. 자신을 알리실 때 하나님은 인간의 역사·문화·언어 조건을 취하여, 창조된 현실 속으로 들어오셔서 자신을 계시하신다. 하나님이 우리 인간의 언어로 우리에게 말씀하시는 만큼, 성경은 그 자체가 **신적**인 동시에 **인간적**이다.

이는 중요한 사실이다. 부모가 아이와 놀면서 어린아이들이 쓰는 말을 쓰면, 아이처럼 말하는 성인이라는 역설이 생긴다. 하나님이 우리에게 말씀하실 때, 우리에게 눈높이를 맞춰 주시는 것(accommodation)에는 우리와 의사소통하신다는 역설이 포함된다.[20] 하나님이 일하시는 모든 곳, 시간 속에서 인간의 현실과 접촉하시는

---

20) 나는 이 부분에서 코넬리우스 반틸과 존 프레임의 모범을 따른다.

모든 곳에서 우리는 두 가지 요소의 존재를 표현하는 역설들을 발견한다. 신적 요소는 궁극적이고, 인간적 요소는 상대적이다. 이 두 요소는 일관성 있는 하나의 설명으로 결합할 수 없다. 신적 요소는 신적 요소이고, 인간적 요소는 인간적 요소이기 때문이다. 이 두 요소의 만남에는 우리의 유한한 지식 안에서 하나로 결합할 수 없는 두 개의 가닥이 있다. 예수 그리스도 안에는 신성과 인성이 하나의 존재로 결합해 있는데, 이 경우에도 두 본성은 서로 혼합되거나 또 다른 본성으로 융합되지 않는다. 두 본성은 연합하되 신인(神人)이라는 한 존재 안에서 구별을 유지한다.[21]

  성경의 가르침과 관련해 문제가 발생하는 것은 대개 성경의 역설과 우리가 감히 넘어갈 수 없는 한계를 존중하지 못하기 때문이다. 이런 일들은 우리 눈에 명백히 모순되어 보인다. 이 모순을 하나하나 해결해서 일관성 있는 하나의 설명으로 정리하고 싶은 것이 우리의 본성적 욕구다. 하지만 이렇게 한다면 이는 균형을 깨는 것이고, 우리는 결국 성경이 가르치는 내용과 부딪치고 말 것이다. 성경의 역설의 어느 한 측면을 부인함으로써 우리는 오류에 빠진다. 인간의 이성은 결국 신인(神人) 역설을 덮어 누르고, 인간의 논리가 받아들일 수 있는 다른 무엇으로 이를 대체하고 만다. 그렇게, 우리의 유한한 사고방식이 하나님의 계시를 지배해 왔다. 성경이 가르치는 곧고 좁

---

[21] 이것이 주후 451년 칼케돈 신조에서 한 분 예수 그리스도는 그리스도・성자・주님・독생자시며, "혼동 없고, 변화 없고, 나뉨 없고, 분리 없는 두 본성으로 인식된다"고 말하는 이유다.

은 길로 속도를 높여 가다가 그 길에서 벗어났는데 궤도를 바로잡지 않는다면 줄곧 내리막길로 가게 될 것이다.

성경의 역설을 받아들이지 않는 데 따르는 문제는, 해결 불가능한 문제를 붙들고 허송세월하게 된다는 것이다. 모순되어 보이는 이런 문제들에 힘을 쏟아붓느라 성장은 지체된다. 하나님을 찬양하고 하나님의 위대함을 경이로워해야 할 시간에 우리는 그 위대함에서 벗어날 방법을 생각해 내려고 애쓴다. 우리의 추론은 마침내 성경의 메시지에서 벗어나는 길로 우리를 인도할 위험이 있다. 고집스럽게 집착하기는 하지만 그 대상이 하나님의 영광이 아닌 것이다.

우리가 묵상해야 할 뿐만 아니라 소중히 여겨야 할 성경의 역설 몇 가지가 있다. 우리는 이 역설들이 얼마나 상호 보완적인지를 더욱더 깨닫게 되며, 그리하여 "여호와의 선하심을 맛보아 알"게 된다.[22] 우리가 이렇게 할 때 하나님이 영광 받으신다. 아래의 각 항목은 저마다 이 역설 문제에 관한 성경의 진리 전체를 포괄한다.

- 하나님은 한 분이시면서 세 위격이시다.
- 하나님은 주권적이신데 인간은 자유롭고 책임 있는 존재다.
- 인간은 자유롭고 책임 있는 존재이면서 죄의 노예들이다.
- 그리스도인은 자유로운 사람이면서 예수 그리스도의 종이다.

---

22) 시 34:8. 이 시편 전체가 하나님을 피난처로 삼는 복에 관해 가르친다.

- 예수님은 신이면서 인간이시다.
- 성경은 하나님의 말씀이면서 인간의 말이다.
- 하나님은 의로우신데 죄인을 의롭다 하신다.
- "나를 이끌어 돌이키소서 그리하시면 내가 돌아오겠나이다."
- 믿음은 하나님의 선물이면서 복음에 대한 인간의 반응이다.
- 하나님은 믿음을 주시면서 죄인을 부르사 회개하고 믿으라고 하신다.
- 그리스도의 죽음은 모두를 위해 충분하면서 신자들에게 유효하다.
- 하나님의 계획은 죄를 포함하면서 죄를 배제한다.
- 하나님은 전능하시고 사랑이 많으신데 악이 하나님의 세상에 번성하고 있다.
- 그리스도의 십자가는 하나님의 공의와 하나님의 사랑 두 가지를 다 드러낸다.
- 하나님은 일어나는 모든 일을 예정하시며 부차적 원인, 즉 자기 피조물의 자유로운 행동에 의해 자기 뜻을 성취하신다.

눈에 보이는 것으로써가 아니라 믿음으로 행하기

신자로서 우리가 성경의 일부 진리만이 아니라 그 진리 전체를 받아들이면서 믿음으로 행하면, 하나님의 위대함에 대한 이해는 물론 그런 하나님을 의지하는 마음도 자라날 것이다. 이는 우리를 자유롭게 해 주는 체험인데, 왜냐하면 하나님이 우리에게 알려 주신 좋은 소식을 삶으로 구현함으로써 우리가 참 자유를 찾기 때문이다. 요한복음 8장 31-32절에서 예수님은 "너희가… 진리를 알지니 진리가 너희를 자유롭게 하리라"라고 말씀하신다.

한편, 성경의 역설을 뒤로 밀어붙이면서 인간의 이성으로 이를 해결해 보려 애쓴다면, 우리는 결국 그 역설의 한 측면을 또 한 측면에 종속시키고 말 것이다. 이는 예외 없이 하나님의 능력이나 지혜 혹은 두 가지 모두를 제한하는 결과를 낳을 것이다. 이런 일이 일어날 때는, 그리고 이런 일이 일어난다면 빨간불이 켜져야 한다. 왜냐하면 우리가 안다고 주장하는 하나님이 이제 성경의 하나님이 아니라 우리가 상상으로 꾸며 낸 존재가 되기 때문이다.

우리가 성경의 역설을 받아들이면, 성경과 하나님의 약속이 말하는 **사실들**과 하나님께 대한 사랑과 하나님 안에 있는 소망을 굳게 붙잡게 됨에 따라 하나님을 의존하고 신뢰하며, 하나님의 위대함을 찬양하고, 진심으로 기도하게 되는 결과로 이어진다. 이런 태도가 있으면 우리 언약의 주님이신 하나님과의 관계가 더 친밀해진다. 하나님을 의지하면 확신이 자라난다. 하나님의 위대함이 우리의 믿음에 각인되면서 경이감이 커진다. 신자로서 우리는 하나님이 우리보다 더 잘 아신다는 사실을 인정하게 될 것이고, 우리의 이성을 하나님의 생각 앞에 기꺼이 굴복시키고 하나님에게 의지하는 법을 배우게 될 것이다.

이런 유형의 믿음은 성숙함으로 자라난다. 인간 '권력자'가 반대할 때도 우리는 하나님에게 최종 결정권을 드리는 법을 배우게 될 것이다. 왜냐하면 믿음이란 무엇보다도 겉으로 드러나는 모습이 우리에게 불리할 때도 하나님을 신뢰하는 것이기 때문이다. 노아가 방주를 지을 때 바로 그렇게 했고, 아브라함이 우르를 떠나 미지의 땅을 향할 때 그렇게 했다. 모세가 바다를 지나 백성을 이끌 때 그렇게 했고, 사도들이 그리스도의 부름에 순종해 복음을 들고 온 세상으로 갈 때도 그렇게 했다.

결론

성장이란 수액이 가지로 흘러 들어가 싹이 나고 꽃이 피며 잎사귀가 자라고 마침내 열매가 맺힐 때를 말한다.

신자들은 그리스도에게 접붙여지고, 그러면 그리스도의 생명이 성령을 통해 신자들에게 흘러 들어간다. 성장은 그리스도와 그분의 생명에 참여하는 것이다. 꽃이 피고 잎사귀가 자라며 열매가 무성해지는 수단은 하나님과 그리스도를 아는 지식이며, 그와 더불어 하나님이 계시하신 내용을 진심으로 믿고 의지하는 것이다. 하나님은 자신의 말씀과 자기 아들 안에서 우리에게 이야기하신다. 말씀에 푹 잠김으로써 무엇이 하나님을 기쁘시게 하는지 알면 우리 안에서 믿음과 순종이 자란다. 우리가 절대적으로 확신할 수 있는 것 한 가지는, 우리가 주님을 신뢰할 때 주님은 절대 우리를 실망하게 하지 않으신다는 것이다.[23]

생각하기

1. 그리스도인의 삶에서 '성장'이 왜 중요한가?

2. 성장을 측정하기가 어려운 이유는 무엇인가?

3. 아이에서 성인이 되어 가는 것은 성장을 어떻게 예증해 주는가?

4. 어린아이 같은 믿음은 어떤 모습인가?

5. 성인의 믿음은 어떤 모습인가?

6. '큰 그림'을 알면 어떻게 도움이 되는가?

7. 어떻게 해야 하나님의 생각을 좇아 생각할 수 있는가?

---

23) 시 71:1. 이 내용은 테 데움(*Te Deum*) 찬양의 "주여, 주의 자비를 우리에게 비추소서. 우리가 주님을 의지하나이다. 주여, 내가 주님을 의지하오니, 나로 부끄러움을 당하지 말게 하소서."라는 노랫말에 반영되어 있다.

8. 우리의 지식은 하나님의 지식과 어떻게 조화되는가?

9. 성경의 역설은 왜 중요한가? 예를 들어 설명해 보라.

10. '사실'과 '어떻게'와 '왜'의 차이는 무엇인가?

11. 이 모든 내용은 눈에 보이는 것으로써가 아니라 믿음으로 행하는 데 어떻게 도움이 되는가?

04 성숙

> 주제 : 성숙은 그리스도에게로 자라 가는 삶의 표현이다. 성숙은 그리스도의 생명을 특징짓는 자질들이 그리스도의 모범을 따르는 사람을 변화시킴에 따라 그리스도와 연합한 결과다. 사도 베드로는 영적 성숙에 이르기 위해 "더욱 힘쓰라"고 신자들에게 권고한다. 이 일에는 마음의 갱신이 포함된다. 그리스도와 같은 마음은 신자들을 그리스도의 형상으로, 그리스도께서 사신 것처럼 사는 참 인간으로 만들어 준다. 또한 성숙은 성령님의 도움으로 죄에 맞서 싸우는 모습으로 표현되기도 한다.

"우리네는 만족스럽게 죽습니다." 존 웨슬리는 세련되게 자신을 멸시하는 사람에게 이렇게 대답했다고 한다.[1] 웨슬리의 이 말은, 신자들에게는 인생의 시험들에 직면할 능력이 있다는 뜻이며, 여기는 인생 최대의 시험도 포함된다. 그런 능력은 어디에서 오는가? 그리스도에게로 자라는 삶이 이런 능력을 빚어낸다. 신자들은 자기 삶을 마음껏 누리며, 그와 동시에 예상했든 예상하지 못했든 최악의 상황에도 준비가 되어 있는 진지한 사람들이다. 히브리서 9장 27절

---

1) 웨슬리는 제레미 타일러의 책 *The Rule and Exercises of Holy Dying*(1651)을 읽고 영향을 받았다.

에서 만인 공통으로 정신이 번쩍 들게 하는 사실은 "한 번 죽는 것은 사람에게 정해진 것이요 그 후에는 심판이 있"다는 것이다. 우리는 앞으로 있을 일에 준비가 되어 있는가? 성숙이란 궁극적으로 바로 이런 문제다.

웨슬리가 말한 '거룩한 죽음'은 대다수 사람에게는 상상 불가능한 일이다. 사람들의 버킷리스트는 그저 어디에 가고 싶다는 것뿐이지, 자기 내면의 성품이 어떻게 달라졌으면 좋겠다는 말은 없다. 여기를 즐기고 즐거움을 추구하는 인플루언서들의 시대에 성숙에 관심을 두는 사람은 시대에 뒤떨어지고 흥을 깨는 사람들이다. 도대체 누가 성숙에 대해 생각하거나 성숙하기를 갈망하는가? 성숙은 나이 먹는 것에 관한 일인데, 우리는 너나없이 더 젊기를 바란다. 감정과 체험을 귀하게 여기는 시대에는 기독교의 가르침에 있는 성숙에 대해서도 우리는 별로 귀를 기울이지 않는다.

하지만 그리스도 안에서 자라는 데 따르는 결과로서 성숙은 신약성경 메시지의 중심이다. 성숙은 모든 신자에게 바람직한 자질들의 특징을 이룬다. 우리는 무엇보다도 이 자질들을 갖춘 사람이 되기를 바라야 한다. 이 자질들은 삶의 실제 문제들에 직면할 때 우리의 대응 방식을 규정하기 때문이다. 우리가 그리스도 안에서 성숙한 사람들이라면, 우리 각 사람에게 닥칠 삶의 난제들 앞에 곧게 맞설 수 있는 내적 능력을 찾아낼 것이다. 그리스도를 믿는 믿음이 전혀 없는 우리 주변 사람들이 그렇듯 이생에서 우리가 가진 것만이 전부라고 생각하는 데 따르는 위험은, 어려운 일이 생기거나 예상치 못한 재앙이 닥칠 때 삶이 산산조각 난다는 것이다. 아마 그것이 바로 오늘날 정신 건강 문제에 관한 이야기들이 그렇게 많이 들려오는 이유일 것이다. 또한 신자들이 무언가 색다른 것을 갈망하는 것도 바로 그 때문일 것이다. 그렇다면 당신은 성숙을 촉진하는 자질들에 관해 무엇을 알고 있는가?

성숙에 기여하는 자질들

앞에서 언급했다시피, 사도 베드로가 순교 직전에 쓴 두 번째 서신에서 신자들에게 권면한 것은 "우리 주 곧 구주 예수 그리스도의 은혜와 그를 아는 지식에서 자라 가라"는 것이다. 이 마지막 편지에서 베드로는 개인적 체험을 통해 은혜에 관해 알게 된 것을 이야기한다. 이는 평안으로 가는 길이요, 하나님의 능력의 증거이고, 무력해지는 데 대한 치료책이다. 더 나아가, 그리스도가 어떤 분인지에 대한 인식이 깊어지면 거짓 가르침에 빠지지 않게 되고, 그리스도께서 영광 중에 돌아오셔서 새 창조 세계를 세우실 것을 확신하게 된다.[2] 계시된 진리는 신자들에게 중요하다. 이 진리가 없었다면 이들

---

[2] 벧후 1:2-3, 5-6, 8, 12, 20; 2:20-21; 3:2-3, 17-18.

은 "무법한 자들의 미혹"의 영향 아래서 "굳센 데서 떨어질" 터였기 때문이다.[3]

그것이 전부가 아니다. 베드로후서 1장에서 베드로 사도는 성숙을 증진하는 요소들을 몇 차례 언급한다. 베드로는 세 가지 요점으로 구성된 짤막한 설교에서 영적 진보에 관해 직접적으로 수신인들에게 이야기한다.

1. 하나님은 영적으로 성숙하게 되는 데 필요한 것을 신자들에게 주셨다(3-4절).
2. 신자들은 성숙을 위해 적극적으로 힘써야 한다(5-9절).
3. 이것이 하나님의 영원한 나라로 환영받으며 들어가는 길이다 (10-11절).

두 번째 요점은 우리가 그리스도 안에서 성숙하기 위해 해야 할 일이 무엇인지에 초점을 맞춘다. 10절에서는 구원을 확실히 하기 위해 "힘쓰다"라는 다소 특이한 그리스어 표현이 쓰이는데, 이 표현은 구원을 확실히 하는 일에 우리의 힘을 다 쏟기를 권고한다.[4] 이 투자에 대한 보상은, 8절에서 말하다시피, 그리스도 안에서 점점 더 성숙해지는 것이다. 하나님은 힘든 상황에 있는 신자들의 삶 속에서

---

3) 벧후 3:17.
4) 이 표현은 빌 2:12의 "두렵고 떨림으로 너희 구원을 이루라"라는 말과 다소 비슷하다.

일하신다.

베드로는 영역 성경에서처럼 '자질'(quality)이란 말을 쓰지 않고, 영적 담력을 보여 주는 '것'(things) 혹은 태도의 유형들을 언급했다. 베드로는 감상적인 예의범절 이야기를 하는 게 아니라 실제적 태도에 관해 말하고 있다. '힘든 상황에서는 강인한 사람이 그 상황을 뚫고 나가기' 때문이다.

베드로후서 1장 5-9절은 신자들이 받은 부르심과 선택을 증명하는 것들을 실천하라는 권고이며, 이들이 실패하지 않으리라고 확신을 준다. 이 여덟 가지 자질은 아래 본문에서 굵은 글씨로 강조했다.

> 그러므로 너희가 더욱 힘써 너희 **믿음**에 덕을, 덕에 **지식**을, 지식에 **절제**를, 절제에 **인내**를, 인내에 **경건**을, 경건에 **형제 우애**를, 형제 우애에 **사랑**을 더하라 이런 것이 너희에게 있어 흡족한즉 너희로 우리 주 예수 그리스도를 알기에 게으르지 않고 열매 없는 자가 되지 않게 하려니와.

설교자들이 때로 그러기는 하지만, 각 자질을 한 단계씩의 발전으로 보고 이 구절을 그 진보 과정으로 해석하는 것은 그다지 옳지 않다. 베드로는 '순차 논리'(elevator logic)를 쓰는 게 아니라, 수신인들이 잘 이해할 수 있도록 일종의 반복 형식으로 이야기하고 있다. 이 구절을 이해하는 더 바람직한 방식은 바퀴를 상상하는 것이다. "그리스도를 알기"가 바퀴의 중심축이고, 여덟 가지 '자질'은 성숙을 뒷받침하는 바큇살이고, 성숙은 바퀴의 테두리다. 신자의 성숙(혹은 성숙의 결핍)은 바퀴의 고무 타이어로, 신자들이 인생이라는 도로에서 돌부리와 움푹 팬 곳을 헤쳐 나갈 때 도로와 직접 맞닿는 부분이다.

그렇다면 사도 베드로가 그리스도인으로서의 성숙에 이바지한다고 선정한 자질들에 대해서는 뭐라고 말할 수 있을까? 어떻게 하면 그런 자질들을 가질 수 있을까? 그 자질들은 무엇이며 어떻게 작동하는가?

베드로는 이를 목표로 여덟 가지 자질을 거론한다. 이 여덟 가지가 전부는 아니다. 신약성경 곳곳에서 이와 같은 자질들을 더 많이 찾아볼 수 있기 때문이다.[5] 위의 본문에서 볼 수 있는 자질들은 성숙을 갈망하는 삶이 어떤 삶인지를 하나의 모범으로 보여 주려고 선정한 목록이다. 이를 이해하는 한 가지 방법은, 이 각각의 자질들이 무엇을 나타내는지 따져 보고, 이와 반대로 베드로 시대 이교도들의 생활 방식을 나타내는 자질들은 무엇인지 생각해 보는 것이다. 그런 자질들을 조합해서 두 가지 생활 방식을 만들어 낼 수 있는데, 하나는 성숙해 가는 신자의 생활 방식이고, 또 하나는 당대의 조류를 따르는 이교도의 생활 방식이다. 현대의 이교 사상이라는 세 번째 풍경이 여기 추가될 수 있는데, 이 사상 또한 '덕'을 중심으로 하며, '진

---

[5] 이런 자질들의 또 다른 목록으로는 롬 5:1-5, 갈 5:22-23, 엡 4:31-32, 빌 4:8-9, 골 3:12-16, 약 3:17-18을 보라.

보'를 옹호하는 소수자들의 목소리가 이 세 번째 방식의 존재를 알리고 있다. 고대판과 현대판의 이 두 가지 이교 사상 모두 그리스도인의 정신 구조와 뚜렷이 대조된다(174쪽에 있는 표를 보라).

베드로가 제시하는 목록에서 놀라운 점은, 그리스의 덕 철학(virtue philosophy)에서 쓰는 현학적인 용어로 그리스도인의 자질을 꼭 집어 말한다는 것이다. '절제', '경건', '지식'은 그리스 사람들의 기본 '덕목'이다. 이 덕목들은 엘리트 계층의 '선량한 삶'을 평민들보다 우위에 두고자 하는 바람을 나타냈다. 이 특별한 덕목들이 비록 고상하기는 했지만, 가장 정직한 이교도라 해도 이를 삶으로 살아내지는 못했고 오히려 잔혹한 고대 세계에서 흔히 볼 수 있었던 역효과만 냈다. 현대인들도 깨어 있는 의식으로 미덕을 추구한다고 하면서 고대의 이교도적 사고방식을 재부팅하고 있다. 오늘날 세상도 미덕을 표방하지만, 대중을 따르지 않으면 혐오로 반응하는 잔인한 세상이다. 『해리 포터』 작가 J. K. 롤링이 이른바 'TERF'(Trans-Exclusionary Radical Feminist의 약어로, 트랜스 여성은 진정한 여성이 아니라고 보는 급진적 페미니스트를 일컫는 말-역주) 견해 때문에 이런저런 계약을 취소당하는 것을 보라. 예나 지금이나 그리스도의 제자들은 이런 시류와 거리를 두고 더 나은 길을 추구한다.

율법이 아니라 은혜

베드로는 '미덕' 목록을 제시하면서 '믿음'으로 시작해 '사랑'으로 끝을 맺음으로써 그리스 엘리트 계층의 이상(理想)을 뒤집어 놓는다.[6] 이는 삶의 모든 면에서 그리스도인다운 삶의 기조(基調)가 된다. 그리스 사상가들에게 믿음은 미신과 한패로 여겨졌고, 이성이나 사실에 근거한 특질보다는 두려움 같은 느낌이나 감정과 관련된 것이었다. 그러나 그것은 베드로의 처지가 아니었다.

그리스도 안에서의 성숙에 기여하는 자질들	베드로 시대 이교도들의 가치관이 낳는 역효과	현대 이교 사상에서 암시하는 덕목들
하나님을 믿는 믿음 (피스티스[pistis])	이교의 미신들 (모든 것이 하나다.)	하나님은 없다. 대중 정체성이 지배한다.
선량함 (덕, 아레테[aretē])	'선량한 삶'	사회 정의 덕목
지식 (그노시스[gnōsis])	신화, 남신들과 여신들	당대의 시류
절제 (엔크라테이아[enkrateia])	욕망	나의 진실
인내 (후포모네[hupomonē])	비일관성	단체 강령과 행동
경건 (유세베이아[eusebeia])	기독교 신앙은 어리석은 짓이다.	각 사람에게 있는 나름의 믿음
형제 우애 (필라델피아[philadelphia])	타인의 운명에 대한 무관심	집단의 가치 증진
사랑 (아가페[agapē])	자신의 사회적 지위에만 관심	자기 사랑과 자기 이득

---

6) 믿음에서 시작해 사랑으로 귀결되는 것은 롬 5:1-5과 고전 13장에서 볼 수 있는 순서다.

베드로후서 1장 14-21절에서는 믿음이 하나님이 하신 일을 목격한 사람의 증언에 뿌리를 둔다고 강조한다. 실제처럼 보고, 듣고, 알고, 느낀 일 말이다. 믿음은 현실 및 하나님의 객관적 행동의 능력에 굳건히 뿌리를 두고 있어서, "교묘히 만든 이야기"인 이교도들의 지식(그노시스)과 대조된다. 신자들은 현실에 충실한 삶을 추구한다. 베드로는 이 단락을 사랑으로 끝맺는데, 이 사랑은 **아가페**, 즉 타인에게 완전히 자기를 주는 사랑이다. 이는 함께 주연(酒宴)을 즐기는 우정도 아니고 에로스적 사랑도 아니다. 이 사랑은 고린도전서 13장에서 말하는 사랑, 또한 예수님이 요한복음 15장 13절에서 설명하시는 사랑이다. "사람이 친구를 위하여 자기 목숨을 버리면 이보다 더 큰 사랑(아가페)이 없나니." 믿음이 있으면 사랑이 뒤따르고, 그래서 믿음과 사랑이 어우러져 그리스도에게 충성하게 만든다. 믿음은 그 정도로 현실적이다.

그리스도인의 성숙을 이루는 자질들은 믿음으로 시작해서 하나님과 형제에 대한 사랑으로 이어진다. 믿음은 하나님이 창조와 구원에서 계시하신 것에 대한 견고한 확신이요, 충성이다. 사랑은 아름답고 완전한 것 앞에서 경이감에 휩싸이는 게 아니라, 자기를 바쳐 믿고 의지하는 헌신이다. 믿음과 사랑 사이에 선량함(덕), 지식(지혜), 절제(적정함), 인내(견인), 거룩함(경건함), 형제애(타인을 보살피기)가 있다. 이런 자질들이 어우러져 그리스도인다운 삶의 풍경을 보여 준다. 좀 더 낮게 표현해서, 이런 자질들은 베드로가 변화산에서 목격한 참 인간의 이미지를 그려 낸다.[7] 신자들이 그런 자질들을 빛처럼 내비치는 것은, 이들이 그리스도 안에 있고, 이들 안에서 일하시는 한 성령을 통해 그리스도와 하나가 되었기 때문이다.

현실에서 고투하는 신자들이 이 이상적 자질의 목록을 읽다 보면, 자기 자신을 냉정하게 들여다보다가 낙담할 수도 있다. 하지만 이는 '해야 할 일'을 점검하는 목록이 아니다. 여기서 우리가 기억할 것 두 가지가 있다.

1. 이 목록은 **율법이 아니라 복음**이다. 예수님은 능동적 순종으로, 그리고 죽음 자체에 대한 수동적 순종으로 우리를 위해 율법을 성취하셨다. 우리가 예수님과 하나가 될 때, 이러한 자질들이 자라는 것은 곧 그분에게로 자라는 것이며, 그분이 이 땅에서 사신 방식 면에서 그분과 비슷해지는 것이다. 그러므로 그리스도인의 덕목은 그리스 사람들의 덕목과 다르며, 깨어 있는 의식이라는 덕목이 암시하는 것과도 다르다. 이런 덕목들은 **행위에 의한 자력 구원**의 유형들이다. 이 둘은 완전히 다르지만, 둘 다 자기실현과 자기 존중이라는 종교를 구체적으로 보여 준다. 이와 반대로 신자들은 자기에게 아무 공로가 없고 오직 믿음으로 산다는 것을 잘 알고 있다.

---

7) 벧후 1:14-21과 마 17:1-9.

2. 둘째로, 그리고 바로 이것 때문에, 믿음이 예수님에게 초점을 맞추면, 그리고 예수님 사랑이 목표가 되면, 우리를 향한 **예수님의** 은혜가 우리 삶을 빚어 감에 따라, 우리는 예수님과 교제함으로써 그분 안에서 자라 성숙에 이르게 된다. 신자들은 사랑, 즉 그리스도의 사랑으로 산다.

이것이 참으로 하나님을 아는 것이요, 믿음과 사랑으로 빛 가운데 행하는 것이다. 이는 베드로가 말하는 자질들을 낳는다. 바울은 성숙에 관해 말하면서 이를 좀 더 극적으로 표현하지만, 베드로와 마찬가지로 바울도 이런 자질들을 위해 힘쓰는 신자들의 노력을 언급한다. 빌립보서 3장 13-14절에서 바울은 이렇게 말한다. "뒤에 있는 것은 잊어버리고 앞에 있는 것을 잡으려고 푯대를 향하여 그리스도 예수 안에서 하나님이 위에서 부르신 부름의 상을 위하여 달려가노라." 깊은 겸손으로 바울은 자신이 이 고귀한 소명이 암시하는 성숙함에 이르렀다고 생각하지 않는다고 단언한다. 우리도 아직 갈 길이 멀고 큰 노력을 기울여야 한다는 점을 받아들여야 한다. 가장 중요한 질문은 이것이다. 시간과 노력을 어떻게 투자해야 실제로 그리스도 안에서 성숙을 위해 힘쓰는 것일까? 어떻게 해야 이런 자질들에 시선을 고정한 채 우리 걸음에 박차를 가할 수 있을까?

대답은, 예수님 중심의 삶을 사는 것이다. 성숙이라는 목표를 계속 염두에 두는 데 도움이 되는 네 가지 전망이 있다. 생각의 핵심 역할, 생각의 갱신, 이상적 인간의 모범이신 그리스도, 그리고 죄와 싸우는 신자의 분투가 바로 그것이다. 이제 이 네 가지에 초점을 맞춰 보자.

1. 생각(mind)이 중요하다

그리스도 중심 삶의 첫 번째 전망은 그리스도를 따르는 사람들의 삶에서 **생각**이 어떻게 성숙을 증진하는지를 지적한다. 우리가 어떤 존재이며 **사람**으로서 우리가 어떻게 기능하는지에 대한 그리스도인으로서의 견해가 있는데, 생각은 이 견해의 중심 요소다. 이것이 바로 종교개혁자들과 청교도들이 종종 '지성(mind)의 수위성'에 대해 이야기한 이유다. 이들은 무슨 말을 하고 싶었던 것일까?

영적 문제점이 발생하거나 성숙을 향한 진전이 이루어지는 곳은 바로 '생각'이다. 그런데 이를 곧장 알아차리지 못하고, '기분 좋다'는 감정이나 옳은 행동을 하려는 의지가 바로 그곳이라고 여길 수도 있다. 하지만 내가 판단하기에 그것은 착각이다. 성경이 새로워진 삶의 버팀목으로 '은혜와 지식'을 강조한다는 사실이 이를 우리에게 경계시킨다. 그러나 이 사실이 모든 사람에게 뚜렷이 드러나지는 않으므로 이제 설명해 보겠다.

어제 나는 머지(Mersey)강에 배 몇 척이 오가는 것을 보았다. 자, 배한 척을 상상해 보자. 그리고 인간과 배를 비교해 보고, 우리가 인간으로 기능할 때 지성의 중요성을 확인해 보자. 배에는 선체·선교(船橋)·방향타·엔진이 있는데, 이 모든 것이 모여야 배가 배다워진다. 이 특징을 우리의 인간다움에 비교해 보라. 사람에게는 몸, 생각, 마음, 감정, 의지가 있다. 이것이 다 모여서 지금 우리와 같은 사람들을 만든다. 몸은 배의 선체와 같고, 생각은 선교와 같으며, 마음은 우리의 근본적인 방향을 설정하는 반면, 감정과 의지는 배의 모터와 비슷하다. 감정과 의지는 우리를 행동으로 이끄는 역동적 한 쌍이다. 감정과 의지는 동기를 부여한다. 우리는 하고자 하는 의향이 없으면 어떤 일도 자유로이 행하지 않는다.

배의 선교처럼, 생각은 배의 상황을 파악하고 레이더와 나침반을 참고하여 **판단이 이루어지는** 중추다. 선장은 선교에서 모터의 시동을 걸거나 끄고 방향타로 배의 방향을 바꾼다. 이해력(understanding)은 모든 것을 평가하고 판단하는 신경 중추로, 우리가 무엇을 느끼고 원하는지, 우리가 어디로 가고 있는지, 우리 몸이 무엇을 말하고 있는지를 받아들인다. 이해력은 우리 인격의 정보 수집자로서 중요한 역할을 하고, 의사 결정도 한다. 그리고 우리의 '모터'에 시동이 걸려 행동하게 된다 해도, 정보가 있어야 결정하고 의식(conscience)이 있어야 그 결정을 행동에 옮기기 전후로 그 결정을 평가할 수 있다.

이런 인격적 요소들은 하나의 단위로 작동한다. 성경의 계시도 우리에게는 과학적 관찰로 알 수 없는 더 깊은 어떤 것, 지성(mind)을 세포의 집합으로 단순화하기도 하는 무언가가 있다고 말한다. 그것은 바로 마음으로서, 마음은 우리가 인격체로서 기능하게 만든다. 마음은 **방향을 지시하고** 우리의 목적지를 정한다. 그래서 우리는 "마음을 지키라"는 훈계를 받는데, 왜냐하면 "생명의 근원"을 마음이 결정하기 때문이다.[8] 우리의 마음은 인격적이고, 타인과의 관계를 나타내며, 우리의 인격적 성향들이 하나로 모이는 지점으로서, 이렇게 해서 우리는 어떤 일을 '마음을 다해', '속이는 마음이나 악한 마음으로', '정결하고 참된 마음으로', 혹은 '새로운 마음'으로 행한다. 정말로 무언가를 원할 때 우리는 그 일에 '마음을 쏟는다.' 자기가 응원하는 팀이 3:0으로 지고 있으면 우리는 '낙심한다'(lose heart). 마음은 인간이 선택하는 최종 목적지, 인격적이고 영적인 의미에서 우리의 운명을 가리킨다.

마음은 영적 기관이며, 그래서 이중적 측면이 있다. 성경의 계시에서 마음은 언약적, 혹은 결속 기능을 하며, 주로 하나님과의 관계에서, 또한 타인과의 관계에서 그렇다.[9] 보이지 않는 깊은 내면이 우리의 방향을 결정한다. 우리가 하나님과 이웃에게 '완악한 마음'으로 행동하는 것은 바로 그 때문이다. 출애굽기 7-12장에서 하나님의 말씀이 바로에게 거듭 임했지만, 이 애굽 왕은 여호와께 대하여 마음을 강퍅하게 했고, 모세의 요청을 무시했다. 바로는 하나님

---

[8] 잠 4:23. 마 6:21에서 예수님은 마음을 우리의 '보물'에 비유하신다.
[9] 기독교 철학자 헤르만 도예베르트(Herman Dooyeweerd)는 마음이 하나님과 관계된 사람의 초월적 통일체라고 말한다. 참고, 『서양 사상의 황혼에서』(In the Twilight of Western Thought, CH북스).

이 무엇을 지시하시는지 아주 잘 알고 있었지만, 그는 이 지시가 전혀 마음에 들지 않았고, 그래서 뜻을 굽히지 않고 이에 맞섰다. 바로는 이스라엘 자손들을 보내 줄 생각이 없었으며, 이것이 그의 운명을 결정했다.

더 나아가, 마음은 생각과 몸과 의지를 하나로 묶는다. 이는 마음이 생각 **안에**, 의지와 감정 **안에**, 몸 **안에** 있기 때문이다. 마음은 인격체로서 우리가 품는 목적의 통일체이며, 궁극적 목표에 이르는 경로를 결정한다. '완전함'(wholeness)은 마음이 제공한다. 마음의 근본적 태도 때문에 우리는 하나님을 향해 달려가기도 하고, 반대로 하나님에게서 도망치기도 한다. 그래서 다윗은 시편 51편 10-12절에서 이렇게 기도했다.

> 하나님이여 내 속에 정한 **마음**을 창조하시고 내 안에 정직한 **영**을 새롭게 하소서 나를 주 앞에서 쫓아내지 마시며 주의 성령을 내게서 거두지 마소서 주의 구원의 즐거움을 내게 회복시켜 주시고 자원하는 **심령**을 주사 나를 붙드소서.

정한 마음이란 올바른 생각(여기서는 '영')으로, 이 생각이 자원하고 즐거워하는 것은 구원 때문이다.

하나님이 **마음**을 변화시켜 주시면 사람이 달라지고, **마음**은 그 사람의 **생각**을 변화시키고, **생각**에는 하나님을 기쁘시게 하려는 새로운 **의지**가 생기며 **마음**, **생각**, **의지**는 **감정**에 영향을 끼친다.

이는 성숙이 진전될 때 생각의 역할 문제에 접근하는 올바른 순서를 보여 준다. "별로 관심 없어요.", "동기 부여가 안 됩니다.", "저를 사로잡았어요.", "그거 얼마나 좋은 겁니까?" 등의 문제가 늘 맨 앞으로 새치기한다. 하지만 이는 부차적 문제이고, 게다가 역효과를 낸다. 본능적 반응은 은근한 반(反)지성주의로 그리스도인의 삶과 예배에 영향을 끼친다. '생각'이 오로지 '지식인들'만의 것으로 축소되기 때문이다. 여기에 어떤 위험이 따르는지 존 스토트가 오래전에 이미 강조했다.

> 인간의 지성이 타락했다는 사실은 사고(思考)에서 감정으로 후퇴하는 데 대한 변명이 되지 못한다. 인간 본성의 감정적 측면도 똑같이 타락했기 때문이다. 사실 죄는 생각하는 기능보다는 느끼는 기능에 더 위험한 영향을 끼친다. 우리의 의견은 경험보다는 계시된 진리로써 더 쉽게 점검되고 조절되기 때문이다.[10]

---

10) John Stott, *Your Mind Matters*, IVP, 1973 (2007), p. 16. (『생각하는 그리스도인』, 한국 IVP)

정곡을 찌르는 말이다. 지성은 감정에 비해 현실에서 벗어나기가 어렵다. 안타깝게도 이 점을 알지 못하는 이들이 많은데, 이는 이들이 감정의 명령을 받느라 믿음을 가지고 지성을 활용하지 못하기 때문이다. 설상가상으로, 이들은 기분의 지배를 받기 때문에 성경이 명백히 가르치는 일들에 불순종한다. 기분이 이 가르침에 반역하는 탓이다. 이런 식으로 많은 사람이 자기도 의식하지 못하는 사이에 세상을 좇는다. 이들의 의식 구조는 새로워지지도 않고 기분과 구별되지도 않는다. 이렇게 되면 성경에서 이해하기 어려워 보이는 내용, 예를 들어 지옥 교리, 선택이 어떤 사람은 포함하고 어떤 사람은 배제한다는 것, 예수님이 세상의 구주이신 이유, 선한 사람이 되는 것만으로는 하나님에게 충분하지 못한 이유, 심지어 성적 선택이 중요한 이유 등의 가르침을 마주하지 못하게 된다.

인간의 의지와 마찬가지로 생각 또한 창조되고, 타락하고, 새롭게 되고, 영화롭게 되는 네 가지 상태로 존재한다. 우리의 지성(mind)이 중요하다면, 이는 어떻게 새로워진 지성이 되는가?

창조된 지성이 타락 전에 어떤 모습이었는지 우리는 이제 알지 못한다. 죄가 지성을 망쳐 놓았기 때문이다. 그리고 몸의 부활 후 그리스도의 형상으로 완전히 회복되어 영화롭게 된 지성은 아직 미래에 속한 일이다.

오늘날, 인간 안에 있는 하나님의 형상과 마찬가지로, 인간의 지성에 놀라운 능력이 있다고 해도 이제 하나님의 일들을 받아들이지 않으므로 이 능력은 타락한 상태다. 왜인가? 날 때부터 이는 닫힌 지성, 즉 자기중심적이고 자기에 몰두하는 지성이기 때문이다. 사도 바울은 "육에 속한(혹은 옛) 사람"이라는 말을 써서 타락한 인간의 지성이 어떤 모습인지를 표현한다. 고린도전서 2장 14절은 이렇게 말한다. "육에 속한(프쉬키코스[psychikos]) 사람은 하나님의 성령의 일들을 받지 아니하나니 이는 그것들이 그에게는 어리석게 보임이요, 또 그는 그것들을 알 수도 없나니 그러한 일은 영적으로 분별되기 때문이라."

죄에 물든 지성(sinful mind)은 하나님에게 등을 돌린 마음을 나타내는 표현이다. 우리가 어느 한 방향을 바라보면 뒤쪽은 볼 수 없다. 뒤통수에는 눈이 없기 때문이다. 그래서 하나님에게서 고개를 돌린 마음은 하나님과 영적 현실로부터 고개를 돌린 지성으로 그 자체를 드러낸다. 그런 지성의 상태는 어두움뿐이다. "육신을 따르는 자는 육신의 일을… 생각하나니 육신의 생각은 사망이요."[11]

하지만 비록 타락하기는 했어도 인간의 지성이 하나님이 설계하신 것이라는 사실은 여전하며, 창조된 상태에서 사람의 존엄과 고상함의 잔재는 우리 주변 어디에서나 볼 수 있다. 우리는 여전히 선(善)·정의·진리를 갈망하며, 우리는 여전히 아름다움과 추함을, 옳고 그름을 구별할 수 있다. 인간의 모든 발명에는 양면성이 있고, 그

---

[11] 롬 8:5–6.

래서 우리는 최선도 만들어 낼 수 있고 최악도 만들어 낼 수 있다.

타락한 본성은 마음과 생각과 의지라는 전인(全人)에 영향을 끼치며, 정신의 상태는 육체에도 결과를 남긴다. 타락과 죄성이 우리의 육체적 본성에 자리 잡는다고 보는 것은 잘못이다. 바울이 "육에 속한 사람"에 관해 이야기하면서 나열하는 문제들은 이기주의·야망·교만·탐심·욕망·자기 파괴성 등 **생각**에 관련된 문제들이다. 위대한 신학자들은 죄와 악으로 기울어지는 성향이 생각 속에 자리 잡고 있다고 보았다. 예를 들어, 아우구스티누스는 그런 성향을 교만에서 찾았고, 칼뱅은 우상 숭배 및 주님을 예배하지 못하는 것에서 찾았으며, 칼 바르트는 하나님을 향한 인간의 나태함에서 찾았다.

그렇다면 해결책은 무엇인가? 기독교 신앙은 오직 한 가지 해결책만 알고 있다. 도덕적인 혹은 영적인 발전이나 진보는 인간의 본성을 다시 온전하게 만들어 주지 못한다. 이가 썩는 것처럼, 사과가 썩는 것처럼, 엔진에 밸브가 끼는 것처럼, 우리는 결코 개선되지 않는다. 현실적으로 생각한다면, 우리 자신의 눈으로 봐도 개선되지 않고, 하물며 하나님의 눈으로 볼 때는 말할 것도 없다. 유일한 해결책은 마음의 변화와 영적 분별력, 즉 정신적 능력을 갖춘 지성의 변화뿐이다.

2. 생각을 새롭게 하기

그리스도 중심 삶의 두 번째 전망은 성경적 개념의 생각 새롭게 하기다. 사도 바울은 로마서 12장 1-2절에서 '변화'(메타모르포시스 [*metamorphosis*])라는 그리스어 단어를 써서 주로 이에 대해 말한다.

> 그러므로 형제들아 내가 하나님의 모든 자비하심으로 너희를 권하노니 너희 몸을 하나님이 기뻐하시는 거룩한 산 제물로 드리라 이는 너희가 드릴 영적 예배니라 너희는 이 세대를 본받지 말고 오직 마음(mind)을 새롭게 함으로 변화를 받아 하나님의 선하시고 기뻐하시고 온전하신 뜻이 무엇인지 분별하도록 하라.

이 본문은 로마서의 전환점이다. 사도 바울의 의도는, 모든 나라를 위한 그리스도 안에서의 구원이 최종 갱신된 하나님의 언약의 성취에서 드러난다는 것을 보여 주려는 것이다. 구원은 유대인과 이방인을 그리스도 안에서 연합된 한 백성, 그리스도 안에서 구별 혹은 성화된 백성으로 통합시킨다. 갱신이 이 구절에서 구체적으로 표현된다.

1절은 구약성경의 맥락에서 나오는 말이고, 2절은 그리스 사상이 지배하는 세상을 가리킨다. 새 언약이 옛 언약을 초월하는 것처럼,

2절은 1절보다 멀리 나간다. 제사는 그리스도 안에서 영원히 성취되고, 신자가 드리는 제사는 이제 물질적인 제사가 아니라 영적인, 혹은 합당한(*logikos*) 제사다. 신자들은 이제 짐승 제물이 아니라 자기 '몸'을 바치는데, 이는 자기 전인(全人) 혹은 자기 자신을 "산 제물"로 드린다는 뜻이다. 신자들은 주변에서 일반적으로 인정되는 서사를 역행한다. 이들은 지성(*nous*)을 새롭게 함으로써 당대의 비성경적 사고방식과 거리를 둔다.

이 지점에서 사도는 이 서신의 첫 두 장을 돌아보면서 하나님에게서 멀어지게 하는 죄 문제를 이야기한다. 로마서 6장 13절은 로마서 12장 1절의 의미를 이해하는 열쇠다. 죄의 상태와 대조적으로 신자들은 다음과 같이 권고받는다.

> 너희 지체를 불의의 무기로 죄에게 내주지 말고 오직 너희 자신을 죽은 자 가운데서 다시 살아난 자같이 하나님께 드리며 너희 지체를 의의 무기로 하나님께 드리라.

사도는 로마서 15장 8–16절을 내다보면서, 그리스도께서 유대인은 물론 이방인을 포함해 만인의 종이 되셨고, 그래서 이방인도 그리스도 안에서 소망을 가질 수 있고 성령으로써 거룩하게 되어 하나님을 기쁘시게 하는 제물이 될 수 있다고 예측한다.

이 새로운 상황은 정치 강령이 아니다. 이 상황은 신자의 도덕의식과 지성의 회심을 통해 인격이 변화됨으로써 효력을 발휘한다. 그리스도 안에서 새롭게 된 인류, 새 창조를 맞게 될 이 인류는 옛 인류와 대조된다. 성령을 통해 생각이 변화됨으로써, 그리스 세계에서 그토록 가치가 폄하된 '몸'을 포함해 전인이 그리스도에게 연합한다.

이 일은 어떻게 일어나는가? '변화'(metamorphosis)라는 말은 성경에서 여섯 번 쓰였는데, 바로 이 말이 힌트를 준다. 모세의 얼굴은 율법이 주어진 곳인 시내 산에서 하나님의 영광으로써 변화되었다. 이때 모세가 얼굴을 가린 것은 이스라엘 자녀들이 그 영광의 광채를 감당할 수 없었기 때문이다. 예수님은 모세와 엘리야, 그리고 세 제자와 함께 있던 산에서 변화되셨는데, 이는 고난을 겪으시기에 앞서, 죽은 자 가운데서 살아나신 하나님의 아들로서 장차 입을 영광을 미리 맛보신 것이었다. 부활하신 그리스도 앞에서 신자들은 "다 수건을 벗은 얼굴로 거울을 보는 것같이 주의 영광을 보매 그와 같은 형상으로 변화하여 영광에서 영광에 이르니 곧 주의 영으로 말미암음"이다.[12] 예수님은 모세가 예표한 모든 것이시다. 즉, 중보자요, 자기 백성의 목자이시고, 새 율법을 주시고 기적을 행하시며 약속의 땅으로 인도하시는 분이다. 하지만 예수님은 훨씬 더 영광스러우시다! '하나님이 사랑하는 아들'이자 주님으로서 예수님은 하나님의 백성을 완전하고도 최종적으로 새롭게 하신다. 그러므로 하나님의 백

---

12) 예수님의 변화에 대해서는 마 17:1-8, 그리고 마가복음과 누가복음의 병행 구절을 보라. 바울이 이 일을 언급한 구절로는 고후 3:18을 보라. 골 3:10도 참고하라.

성은 오로지 예수님에게만 귀를 기울여야 한다.

살아 계신 그리스도의 대변인으로서 바울 사도는 로마서 12장 2절에서 편지 수신인들에게 두 가지의 유사한 권고를 한다. 첫 번째 권고가 "본받지 말라"는 부정적 권고라면, 두 번째 권고는 "변화를 받으라"는 긍정적 권고다. 사도는 현실주의자로서, 우리가 거듭나서 그리스도에게 연합할 때도 죄가 마치 유사(流沙)처럼 우리를 빨아들인다는 것을 알고 있다. 성숙으로 이어지는 윤리적 변화는 우리가 부활하신 그리스도를 계속 바라보면서 자의식을 갖고 그리스도 안에서 살 때 일어난다. 이렇게 얼굴과 얼굴을 마주하는 만남의 결과로 성령님은 그리스도의 형상을 따라 우리를 변화시키신다. 성화는 우리의 의식적 사고 속에서 혁명적 변화가 일어나는 데 따르는 역동적 결과다. 예수님의 형상의 각인이 우리의 사고방식을 변화시키고 우리의 삶 전체를 재부팅한다.

그래서 로마서가 우리가 모르는 그리스도인 서른 명의 이름으로 끝을 맺는다는 것은 놀라운 일이 아니다. 이들은 동료 로마인들에게 구원을 안겨 주려는 바울의 사역에 동참함으로써 새 삶을 사는 사람들이다. 하나님이 세상을 위해 해 주신 일은 자기 백성에게 화답을 요구하며, 이 편지의 독자인 우리도 그 백성에 포함된다. 자기를 바쳐 기꺼이 주님을 섬기는 것, 그리고 사고방식이 변화하는 것이 성숙에 이르는 길이다.

요약해 보자. 생각은 신자들이 믿음으로 그리스도에게 연합할 때

받는 성령님의 직접적 역사로 새로워진다. 이렇게 생각이 각성하면 마음의 변화가 병행된다. 한 사람의 삶이 변화되기 때문이다. 마음과 생각은 예수님과의 교제 때 의지와 감정의 기능에 영향을 끼치며, 그래서 몸의 영역에까지 작용한다. 성화는 그리스도의 형상으로 닮아 가는 삶이 윤리적으로 점점 새로워지는 것이다. 그리고 이 성장의 목표는 그리스도 안에서의 성숙이다.

잘 알려진 영화 "본 아이덴티티"(The Bourne Identity)에서 제이슨 본은 트레드스톤 프로그램에 몸을 바침으로써 비밀 요원이 된다. 제이슨은 임무에 헌신하고 새 정체성을 갖게 된다. 그리스도인의 삶은 '예수님과 사랑에 빠지는 것'이 아니다. 그리스도인의 삶은 예수님을 사랑하고 순종하겠다고 믿음으로 언약을 맺는 것이며, 위험을 무릅쓰고 기꺼이 예수님의 프로그램에 헌신하는 것이다. 또한 그리스도 안에서 우리를 의롭다 여기시는 하나님은 그리스도를 믿는 믿음으로써 우리를 성화시키신다. 성숙에 이르는 성화 과정은 성령님의 사역이다. 이 과정은 우리가 정말로, 참으로 하나님과 화해했다는 확신을 안겨 준다. 헌신이란 그리스도를 신뢰하며 그분과 같은 생각을 진전시켜 나가기를 배우면서 그리스도를 섬기며 살고 평안을 누리는 것이다.

하지만 새로워진 생각의 작용에 관해 구체적으로 더 말할 수 있는 게 있지 않을까? 새로워진 생각은 어떻게 체험하는가? 그리스도와 같은 생각에는 네 가지 실제적 태도가 등장한다.

3. 그리스도와 같은 생각

그리스도 중심 삶의 세 번째 전망은 주 예수님 자체와 예수님이 이 땅에서 사신 삶의 방식에 관한 것으로, 이는 참된 인간 됨이 무엇인지 보여 준다. 예수님은 신자의 성숙에 관한 롤 모델이시다.

예수님은 삶의 도전에 앞뒤 생각 없이 반응하셔서 그 결과로 구원을 얻으셨는가? 아니다, 예수님은 사명을 지닌 분이셨다. 그리스어 데이(dei)는 '~해야 한다'는 뜻으로, 예수님의 사역의 '당연성'(oughtness)을 나타내기 위해 복음서에서 여러 번 쓰인다.[13] 예수님은 성경을 **성취하셔야 했고**, 예수님은 고난을 겪고 **죽으셔야 했고**, 예수님은 자신을 보내신 분의 일을 **해내셔야 했다**. 예수님의 프로그램은 행동과 말 모든 면에서 성부 하나님이 예수님을 위해 시작하신 것으로, 예수님은 이를 엄밀히 실행하셨다. 이것이 자신의 사역에 관한 예수님 자신의 증언이며, 특히 요한복음에는 다음과 같이 기록되어 있다.

> 아들이 아버지께서 하시는 일을 보지 않고는 아무것도 스스로 할 수 없나니 아버지께서 행하시는 그것을 아들도 그와 같이 행하느니라.

---

[13] 신약성경에서 100회 이상 쓰였다. 어떤 성구 사전이든 확인해 보라.

> 아버지께서 내게 주사 이루게 하시는 역사 곧 내가 하는 그 역사가 아버지께서 나를 보내신 것을 나를 위하여 증언하는 것이요.
>
> 내가 하늘에서 내려온 것은 내 뜻을 행하려 함이 아니요 나를 보내신 이의 뜻을 행하려 함이니라.
>
> 내가 내 자의로 말한 것이 아니요 나를 보내신 아버지께서 내가 말할 것과 이를 것을 친히 명령하여 주셨으니.[14]

예수님은 보냄 받은 분이시다. 예수님은 아버지의 말을 경청하셨고, 아버지에게서 메시지를 받았으며, 그 메시지를 전하고 실행하셨고, 그렇게 해서 아버지의 뜻에 순종하셨다. 이는 완전하고도 총체적인 순종이었다. 예수님이 제자들에게 "뜻이 하늘에서 이루어진 것 같이 땅에서도 이루어지이다"라는 기도의 말을 주신 것은, 그것이 바로 예수님 자신이 행하고 계신 일이었기 때문이다. 예수님을 따를 때 우리는 예수님처럼 됨으로써 하나님의 뜻을 행한다. 예수님은 아버지에게서 배우셨고, 하나님과 하나가 되어 열두 사람을 불러 자기 제자가 되게 하셨으며, 이어서 기독교 신자로서 우리는 제자들이 되

---

14) 요 5:19, 36, 6:38, 12:49. 이는 이사야서에 기록된 종의 노래에서 예언되고 있다. 참고, 사 50:4-8.

어 예수님의 길을 따른다.

복음주의자들은 예수님의 사역을 단순히 선한 삶의 한 사례로 축소하는 것이 아닐까 하는 염려 때문에 때로 예수님을 우리의 모범으로 말하기를 삼간다. 하지만 그런 위험 때문에, 예수님의 삶이 우리에게 인간 됨의 본을 보인다는 점을 잊어서는 안 된다. 예수님의 삶은 마땅히 우리에게 본이 되어야 한다. 왜냐하면 예수님은 두 번째 아담이시기 때문이다.[15] 자신의 인성으로 예수님은 우리가 어떤 존재여야 하는지 본을 보이시고, 하나님을 아는 것의 목표가 자신에게 순종하는 지혜로 구체화한다는 점을 보여 주신다. 그리스도의 생각은 위대한 과학자, 연예인, 교사, 혹은 정신과 의사의 생각이 아니다. 예수님은 하나님께 대한 순종에 어떤 일이 수반되는지를 완벽히 보여 주신다. 예수님은 다음과 같이 참 인간의 본을 삶으로 구현하셨다.

- 하나님을 신뢰하고 사랑하셨다.
- 완전한 섬김을 통해 하나님에게 순종하셨다.
- 타인을 위해 자신을 바치기까지 그 사람들을 진정으로 돌보고 긍휼히 여기시고 사랑하셨다.
- 자신의 소명을 마지막까지 이행하는 담대함을 보이셨다.

---

15) 롬 5:12-20, 고전 15:22.

- 정신 면에서나 육체 면에서 죄가 없으셨다.
- 고난을 겪을 때 기뻐하며 평안을 누리셨고, 친구를 위해 눈물 흘리셨으며, 길 잃은 죄인들을 보고 애통해하시며, 의로운 분노를 표출하신 것 등을 포함해서 감정에 오점이 없으셨다.

알다시피, 직장이나 사회 활동 영역, 혹은 가정에는 간혹 협잡꾼들이 있다. 우리는 그런 사람들의 모습을 경멸하지만, 인성을 입고 계실 때의 예수님은 그런 모습과 정반대이셨다. 여기 우리가 정말로 찬탄할 만한 사람이 있다! 그분은 다른 어떤 사람도 살 수 없는 삶을 사셨고, 자기 자신은 한 번도 생각하지 않으셨다. 그분은 하나님의 생명 프로젝트에 복종하셨고, 완벽한 자유와 진정한 책임감이라는 줄을 탄탄히 그러쥐고 끝까지 그 프로젝트를 수행하셨다. 예수님은 말로 다할 수 없는 고난으로 무너져 내렸지만, 그래도 하나님의 구원을 소망하기를 멈추지 않으셨다. 죽으실 때 예수님은 성경의 약속에 따라 하나님이 자신을 구하시고 의롭다 하시리라고 확신하셨다. 하지만 인간의 견지에서, 우리와 마찬가지로 예수님은 그렇게 믿으셔야 했다.

그래서 예수님은 말하는 법, 사는 법, 순종하며 하나님을 섬기는 법에서 우리의 역할 모델이시다. 예수님의 임재 안에 있을수록 우리는 그분을 더 많이 알게 되고 우리 안에 그분의 형상을 더 많이 반영하게 된다. 하지만 어떻게 인간으로서의 예수님의 자질이 우리에게

스며들 정도가 될 수 있을까? 그런 일이 가능하기는 한가? 이는 우리가 전혀 도달할 수 없는 영역의 일로 보이는데, 정말 그런가?

　우리는 "예수님을 소유"함으로써 예수님을 본받는다. 우리가 의롭다 여김 받고 성화되기 위해서는 먼저 그리스도를 소유해야 한다고 장 칼뱅은 말한다.[16] 이것이 사실이라면, 더 나아지기 위해 애쓰는 것은 우리가 아니라 우리 안에서 일하시는 예수님, 성령으로써 우리와 연합하시는 예수님이시다. 참 인간 됨에 이르는 길은 앞에서 말한 덕목들로 표현되는 새로워진 생각을 거쳐 새로워진 마음을 통과하는 길이다. "그리스도를 소유함"은 우리가 가는 방향을 바꾸고 우리의 전인격으로 자라 들어온다. 세월과 함께 몸은 쇠퇴할지라도 새 사람은 쉼 없이 새로워진다.

　복음을 알고 복음의 메시지를 이해하면서도 개인적으로 아무 관심이 없는 사람도 분명히 있을 수 있다. 이런 경우에는 무언가 기적적인 일이 일어나야 한다. 성령님이 마음을 변화시켜 주시면, 마치 어두운 방에 불이 켜지는 것처럼 생각이 깨어난다. 성령님은 불신자는 알 수 없는 방식으로, 기록된 말씀의 진리를 조명하신다. 우리가 구원을 위해 그리스도를 소유할 때 우리 마음과 생각에 하나님의 진리를 인(印) 치시는 것이 성령님의 사역이다. 이는 예수 그리스도를

---

[16] John Calvin, *Institutes of the Christian Religion*, III.16.1, III.11.1. 갈 1:16에서 사도 바울은 그리스도께서 "내 속에" 자기를 나타내셨다고 말한다. 동일한 복음을 받음으로써 우리도 그리스도를 받고 소유한다.

'입기', 새 생명의 빛 가운데 행하기 위해 그분으로 옷 입는 것이다.[17]

4. 죄에 맞서 계속 싸우기

그리스도 중심 삶의 네 번째 전망은, 예수님이 죄에 맞서 싸워 죄를 이기신 것처럼 그분의 제자들도 똑같은 싸움을 해야 한다는 것이다. 성령님의 사역으로써 그리스도의 생각을 갖는 것이 신자의 새 생명의 특징이다. 이 특징 덕분에 우리는 똑같은 사회적 정체성을 갖고 있고 감정도 비슷한 주변 사람들과 구별된다. 이는 우리가 죄와 싸운다는 뜻이다.

죄와의 싸움은 우리의 의식적 생각 속에서 많이 벌어진다. 우리의 생각이 미디어가 쏟아붓는 쓰레기들에 사로잡히지 않도록 하는 게 중요하다. 얼마 전 한 젊은 신자가 내게 말했다. 자신이 해서는 안 될 생각을 하고 있다는 걸 깨달았으며, "그만, 그런 생각을 하는 건 내가 아니야!"라고 말함으로써 그 생각에서 벗어나려 하고 있다는 것이다.

예수님을 닮는다는 것은, 인성을 입은 예수님이 그러셨듯이 하나님에게 복종하고 순종하는 것이다. 신자들은 예수님처럼 되지만 완

---

17) 롬 13:14, 갈 3:27, 골 3:10, 12.

전하거나 완벽하게는 아니고, 옛 사람을 "벗음"으로써나 "죽임"으로써 점점 더, 정말로 참되게, 조금씩 그렇게 된다.[18] 하나님에게 복종하고, 하나님의 말씀에 순종하며, 산 제물로 자기를 바친다는, 이 유행에 뒤떨어진 개념들이 바로 우리가 잃어버린 행복의 열쇠다. 어떻게 해야 이런 개념들이 생명력 있는 표현이 될 수 있을까?

오늘날 그리스도인들 사이에서 등한시되는 한 가지 가르침은 점진적 성화 과정에서 죄와의 싸움에 관한 가르침이다. 이 싸움은 그리스도인의 생각 속에서 벌어지는데, 이것이 새로워진 마음의 한 가지 특징이다. 존 스토트는 이렇게 말한다.

> 반(反)지성주의라는 작금의 풍조(일부 그리스도인 집단에서 조성된)는 이제 심각한 악으로 여겨지기 시작하고 있다. 반지성주의는 참된 경건이 아니라 세상의 한 시류일 뿐이고, 따라서 일종의 세속성이다. 지성을 깎아내리는 것은 기본적인 기독교 교리들을 훼손하는 것이다. 하나님이 우리를 이성적 존재로 창조하셨는데, 하나님이 우리에게 주신 우리의 인간 됨을 부인할 것인가? 하나님이 우리에게 말씀하셨는데 그분의 말씀을 경청해야 하지 않겠는가? 하나님이 그리스도를 통해 우리의 지성을 새롭게 하셨는데, 그 지성을 가지고 사고 활동을 해야 하지

---

[18] 골 3:5.

않겠는가? 하나님은 자신의 말씀으로 우리를 심판하실 텐데, 우리가 지혜롭게 이 반석 위에 집을 지어야 하지 않겠는가?[19]

성숙함에 이르는 길에 가장 큰 장애물은 우리가 진리로 알고 있는 것에 맞서 싸우려 하는 우리의 의지와 감정이다. 우리가 "모두를 그리스도에게 복종"시키려는 싸움에 참여하기를 '원치 않는' 이유는, '그렇게 하고 싶지' 않기 때문이다. 어떻게 해야 이 내면의 싸움에서 이길 수 있을까? 신자들이 이 싸움에서 이길 수 있는 두 가지 방법이 존재한다.

첫째로, 성경이 우리 인간의 기질을 어떻게 제시하고 있는지에 대해 현실적 인식을 가져야 한다. 마르틴 루터는 한 라틴어 문구를 써서 그리스도인으로서 우리가 겪는 긴장을 정확히 묘사한다. 루터는 우리가 '시물 유스투스 에트 페카토르'(simul justus et peccator)라고 말했는데, 이는 의인인 동시에 죄인이라는 뜻이다.[20] 이를 이해하면 다음과 같은 사실도 인식하게 된다.

- 우리 마음은 하나님의 주권(Lordship)에 복종해야 하며, 이것이 우리의 상황임을 인식해야 한다.

---

19) Stott, *Your Mind Matters*, p. 26.
20) 1535년 갈 5:16 주석에서 루터는 이렇게 말했다. "우리는 일부 죄인이고 일부 의인이다. 하지만 의로움이 죄보다 더 풍성하다. 왜냐하면 우리의 조정자이신 그리스도의 의가 온 세상의 죄를 크게 능가하기 때문이다." 사도 바울은 롬 7:21-24에서 이와 같은 긴장을 표현했다.

- 우리의 생각, 그리스도인으로서의 우리의 견해는 우리의 감정과 거리를 두어야 한다.
- 앞에서 언급한 친구의 경우에서처럼, 참되고 옳은 것에 대한 우리의 지식은 우리의 감정을 향해 "입을 다물라"고 말해야 한다.

이렇게 해서 우리의 비이성적이고 죄 된 욕망, 두려움, 바람, 그 외의 감정들이 그리스도인다운 우리의 사고를 괴롭히지 못하게 해야 한다. 우리가 그리스도를 따르고 있다면, 세상과 똑같은 식으로 생각 없이 살 수 없다. 사실 우리는 그렇게 살기 쉽다. 제어되지 않은 감정들이 우리를 잠시 기분 좋은 일들, 그러나 결국은 파괴적 결과를 낳는 일들로 이끌기 때문이다. 한 프랑스 시인이 낭만적 사랑에 관해 "사랑의 기쁨은 잠시뿐이고, 사랑의 아픔은 평생 간다."라고 말했는데, 이는 죄에도 해당하는 말이다. "확실한 기쁨과 불변하는 보화를 시온의 자녀들만 안다."라고 오래된 찬송가 작가는 말했다.[21]

둘째로, 우리의 죄 된 성향과 관련해 우리가 **해야** 하는 일이 무엇인지 성경은 명확한 지침을 준다. 핵심 구절은 로마서 8장 12-14절이다.

---

[21] 존 뉴턴이 작사한 찬송가 "시온성과 같은 교회"(Glorious things of thee are spoken, 1779).

> 그러므로 형제들아 우리가 빚진 자로되 육신에게 져서 육신대로 살 것이 아니니라 너희가 육신대로 살면 반드시 죽을 것이로되 영으로써 몸의 행실을 죽이면 살리니 무릇 하나님의 영으로 인도함을 받는 사람은 곧 하나님의 아들이라.

존 오웬은 이를 가리켜 '육신을 죽이는 것'(mortification of the flesh)이라고 했는데, 자주 소홀히 여겨지기는 하지만 이는 그리스도인의 삶에서 성숙을 향해 진보하는 원리적 수단이다. 이외의 최신식 '방법들'은 헛된 것으로 드러난다. 이런 방법들은 성경적이지 않기 때문이다. 바울은 우리에게 무엇을 권고하는가?

바울은 가장 넓은 의미에서 무분별하게 "육신대로" 사는 것에 대해 신자들에게 경고한다. 세상의 방식을 따라서 살면 육체적으로나 영적으로 죽음에 이른다. 그리스도인은 이렇게 살 수 없다. 우리는 과거의 생활 습관을 의식적으로 포기해야 한다. 우리는 할 수 있다. 왜냐하면 로마서 8장 8-9절에서 말하고 있다시피, 이제 옛 습관의 권세 아래 있지 않기 때문이다. 이는 모든 그리스도인을 위한 하나의 당위(當爲)다. 세상의 생각과 방식을 맹목적으로 따르면 구원의 확신이 손상될 뿐이다. "적어도 우리 안에 하나님의 영이 거하신다면" 말이다.

더 나아가 바울은 "그리스도께서 너희 안에 계시면 몸은 죄로 말미암아 죽은 것"이라고 말한다. 이는 죄의 지배, 육체의 지배가 끊어졌다는 뜻이다. 이것이 사실임은 삶의 모든 영역에서 "몸의 행실", 옳지 않은 육체의 욕구를 죽임으로써 분명해진다. 전에 우리 삶을 지배하던 독재자는 폐위되어 십자가에서 처리되었다. 이제 성령님의 도움에 의지해서 옛 생활의 잔재와 영향력, 그 해로운 위력을 점차 소멸해 가는 것은 신자에게 달린 일이다. 그리스도가 새 왕이시다. 그리스도의 다스림과 공의가 온 누리에 조금씩 확산해야 한다. "그리스도께서 너희 안에 계시면 몸은 죄로 말미암아 죽은 것이나 영은 의로 말미암아 살아 있는 것이니라"(8:10).

이 일이 얼마나 엄청난 일인지를 생각하면 어떻게 낙담하지 않을 수 있을까? 하지만 낙담해서는 안 된다. 우리는 혼자가 아니기 때문이다! 우리는 우리를 그리스도에게 연합시키시는 생명의 성령님을 통해 행동해야 한다. 성령님은 죄라는 곰팡이를 공격하셔서 포도나무가 잘 익은 열매를 맺을 수 있게 하신다. 어떻게 그렇게 되는가? 성령님이 다음과 같은 분이시기 때문이다.

- 성령님은 살아 계신 그리스도의 **선물**이시다. 죄와의 싸움은 그리스도의 승리의 신호 아래서 성령님의 도움으로 시행되며, 그래서 우리는 십자가에서 우리를 위해 성취된 구원의 근원으로 계속 돌아갈 수 있다.
- 성령님은 우리와 함께, 우리 안에 사시는 예수 그리스도의 **능력**이시다. 거룩의 영이 우리를 일으켜 주 예수님과 함께 새로

운 생명으로 행하게 하신다. 주님과의 하나 됨은 영적으로 생생한 현실이며, 심지어 육체적인 현실이기도 하다(우리의 몸이 그분에게 속하기 때문에).

- 성령님은 **계속 힘 있게 역사하신다**. 왜냐하면 성령님의 도움으로 죄와 싸우면 마침내 승리라는 결과를 낳기 때문이다. 우리는 언제나 찬양으로 충만하지는 않고, 완전에 이르렀다고 주장할 수도 없다. 일생이 다하는 날까지 우리 육체의 성향 속에서 죄가 우리와 함께한다 해도, 성령님이 우리를 도우셔서 조금씩 죄를 죽이게 하시고 그리하여 죄의 권세를 없애게 하신다.

마지막까지 이렇게 싸울 때 우리는 하나님의 자녀로서 장차 해방될 것을 소망하라고 권면 받는다. 우리가 견인(堅忍)하는 데 이보다 더 힘이 되는 것이 있겠는가?

'나도 잘 압니다. 하지만 그게 마음대로 되지 않는다고요!' 이렇게 생각할 수도 있다. 실패에 대한 두려움이 나를 쫓아다니며 뒷걸음질 치게 만든다. 그러나 형제자매여, 담대하라. 누구도 그 일을 제대로 해내지는 못한다. 하지만 누구나 이 길 위에 서서 시작은 할 수 있다. 여기, 시작하는 방법에 대한 몇 가지 유용한 힌트가 있다.

1. 정직한 자기 평가를 실천하라. 우리 삶에는 사실 뿌리 뽑아내고 싶지 않은 탓에 암으로 발전해 가는 습관적 죄가 있지 않은가?

분노, 자기 몰두, 교만, 시기, 호색, 거짓말 등? 우리는 종종 그런 죄들에 무릎 꿇지 않는가? 그렇다면 하나님 앞에서 이 죄들을 뿌리 뽑아 그 유혹에 저항하기로 결단하라. 그리고 기도하라.

2. 특정한 죄들이 초래하는 참화에 대해 현실적인 자각을 가지라. 그 죄들이 내게 어떤 상처를 주는지, 나의 평안과 기쁨에 어떻게 영향을 끼치는지, 그 죄 때문에 내가 '더 나은 나'는 물론 다른 사람들과 어떻게 충돌을 일으키게 되는지 분석하라. 죄에 탐닉하면서 이를 위안으로 삼으면 내 주님의 마음을 아프게 할 뿐만 아니라 성령을 근심케 한다는 것을 기억하라.[22] 마틴 로이드 존스가 말하는 '영적 우울'에 빠져 있지는 않은가?[23] 문제에서 벗어나기 위해 도움이 필요하지는 않은가?

3. 어떤 구체적 상황에서 자꾸 죄의 유혹에 굴복하게 되는지 판단하라. 가능하다면 그 상황을 피하라. 그런 경우가 아니라면, 주님의 위대하심과 그분의 축복, 그리스도 안에 있는 구원의 위대한 진리에 집중함으로써 영적으로 전투에 대비하고 생각을 통제하려고 노력하라. 구체적 표현으로 다시 말하자면, 나의 방벽에 조그마한 균열이 생기면, 이것이 점점 커져 큰물이 밀려들어오기 전에 즉시 틀어막으라. 기도를 통해 도움을 받고, 가까운 사람에게서 격려를 얻으라.

---

22) 엡 4:30-32.
23) D. Martyn Lloyd-Jones, *Spiritual Depression: Its Causes and Its Cure*는 1959년에 처음 발간되었다 (『영적 침체』, 복있는사람).

4. 마지막으로, 이런 태도가 유용하기는 하지만 이런 인간적 노력 자체만으로는 충분치 않다는 것을 깨달으라. 십자가로 시선을 돌리라. 예수님이 죄를 정복하시고 부활의 능력을 작동시키신 곳이 바로 십자가다.[24] 예수님이 나를 위해 어떤 일을 하셨는지, 어떤 대가를 치르셨는지를 보라! 감사를 드리라. 기도하라. 과거의 죄를 고백하라. 그런 죄를 되풀이하지 않도록 주님의 능력을 달라고 구하라. 주님이 그렇게 해 주실 수 있다고, 그렇게 해 주실 거라고 믿으라!

바울은 하나의 약속으로 자신의 권면을 마무리한다. 이렇게 하면 "너희가… 살리니." 그리스도 안에서, 깊이 있게, 이제 그리고 영원히 말이다. 죽은 물고기나 물에 떠서 떠내려간다는 옛말을 잊지 말라.

죄와 싸워 이기는 것이 성화의 주도적 요소다. 신자 안에서 계속되는 죄는 성령의 역사를 위축시키기 때문이다. 삶 가운데 남아 있는 죄와 진지하게 싸울 때, 신자들은 앞을 향해 큰 걸음을 내디딘다. 그래서 바울이 로마서 6장 22절에서 이렇게 말한다. "그러나 이제는 너희가 죄로부터 해방되고 하나님께 종이 되어 거룩함에 이르는 열매를 맺었으니."

---

[24] 엡 1:19-20.

결론

고린도전서 6장에서 고린도 교회의 실제적 문제들을 다룰 때 사도 바울은 "이것을 **알지** 못하느냐?", "저것을 **알지** 못하느냐?"라고 수신인들에게 여섯 번이나 묻는다(2, 3, 9, 15, 16, 19절). 이들의 의지에 호소하거나 "저것을 느끼지 못하느냐?"라고 감정에 호소하지 않고, 그리스도인들이 마땅히 진리로 알고 믿는 것에 초점을 맞춘다.

> 불의한 자가 하나님의 나라를 유업으로 받지 못할 줄을 알지 못하느냐 미혹을 받지 말라 음행하는 자나 우상 숭배하는 자나 간음하는 자나 탐색하는 자나 남색하는 자나 도적이나 탐욕을 부리는 자나 술 취하는 자나 모욕하는 자나 속여 빼앗는 자들은 하나님의 나라를 유업으로 받지 못하리라 너희 중에 이와 같은 자들이 있더니 주 예수 그리스도의 이름과 우리 하나님의 성령 안에서 씻음과 거룩함과 의롭다 하심을 받았느니라.

바울은 신자들이 다른 사람들보다 훌륭하다고, 단순히 신자들은 다르다고 주장하지 않는다. 신자들은 생각이 바뀌었고, 다른 빛 아래서 세상을 보게 되었으며, 성령님이 이들에게 변화의 능력을 주신다고 한다.

고린도인들에게 보내는 두 번째 편지에서도 바울은 신자들이 알고 있는 일들에 관한 확신에 호소한다. 진리를 아는 것을 넘어, 진리에 대한 확신이 바로 우리 삶의 방식을 변화시켜 준다. 그래서 사도는 고린도후서 5장 11절과 14절에서 이렇게 말한다.

> 우리는 주의 두려우심을 알므로 사람들을 권면하거니와… 그리스도의 사랑이 우리를 강권하시는도다 우리가 생각하건대 한 사람이 모든 사람을 대신하여 죽었은즉….

확신 있는 지식은 복음적 세계관이 안겨 주는 성숙의 징후다. 열매 맺기를 다루는 이 책 마지막 장에서 이 지식이 어떻게 작용하는지 상세히 확인해 보겠다.

생각하기

1. 베드로가 왜 덕에 관해 이야기했다고 생각하는가?

2. 덕의 중요성은 무엇인가?

3. 우리의 세상은 가치 기준 면에서 어떻게 반(反)기독교적인지 설명해 보라.

4. 생각의 중요성은 무엇인가?

5. 이 장에 인용된 존 스토트의 글 두 가지에 관해 토론하라.

6. 로마서 12장 1-2절의 중요성은 무엇인가?

7. 주 예수님은 어떻게 신자들의 모범이신가?

8. 그리스도와 같은 생각이란 무엇인가?

9. 죄를 죽인다는 것은 무엇인가?

10. 계속 진행 중인 죄를 처리하는 네 가지 방식에 관해 토론하라.

05

열매 맺기

> 주제 : 열매 맺기는 성장 과정의 최종 지점이다. 신약성경은 열매가 열리는 것을 성령님의 사역으로 돌린다. 열매 맺기는 "죽은 자 가운데서 다시 살아나사 잠자는 자들의 첫 열매"가 되신 그리스도의 사역의 실제 결과인 새 창조를 미리 맛보는 것이다. 실제 열매는 영원 세상에서 수확된다. 이 열매는 미래에 대한 소망 가운데 현재를 삶으로써 자란다. 하나님은 죄의 종노릇하며 무익하게 사는 삶에서 우리를 구원하시는 소망의 하나님이시기 때문이다. 소망은 위에서 아래를 보시는 하나님의 관점에서 상황을 비판적으로 보라고 신자들에게 권한다.

무화과는 달고 연한 과일로, 나무에서 따서 그 자리에서 껍질째 다 먹는 것이 제일 맛있다. 남프랑스의 우리가 살던 곳 근처의 한 자작농은 길가에 좌판을 놓고 무화과를 팔았는데, 그 사람은 자기가 파는 무화과를 '꿀방울'(honey drops)이라고 했다. 나는 그런 과일을 난생처음 먹어 보았다. 무화과 열매는 무르익기 며칠 전에는 단단하다가 그 후 말랑말랑해지는데, 수확하는 날에는 세상에 그보다 맛있는 것이 없다.

신자의 체험

하나님은 신비한 목적으로 신자들이 '무르익을 때'를 준비시키시는데, 이는 하나님의 임재 안에서 영원히 즐거워한다는 의미다. 우리가 맺는 열매가 부활하신 그리스도와의 완전한 연합으로 무르익는 것, 그것이 우리의 목표다. 그때가 이르기까지는 우리는 아직 준비가 안 된 상태다. 하지만 이생에서 우리는 장래의 좋은 것을 미리 맛보아 왔다. 열매가 무르익는 중이기 때문이다. 아우구스티누스는 하나님이 우리가 행하는 선한 일들을 은혜로써 우리에게 주시되, 우리 안에서 일하시는 방식으로 주신다고 말했다. "영생으로 보상되는 우리의 그 선행조차도 하나님의 은혜에 속한 일이니, '나를 떠나서는 너희가 아무것도 할 수 없음이라'라는 주 예수님의 말씀 때문이다."[1] 맞는 말이다. 그래서 결과적으로, 열매를 맺기 위해 우리는 우리 자신이 아니라 예수님과 성령님의 역사에 의지한다.

열매는 성장 과정의 산물이다. 씨가 잘 뿌려진 식물은 뿌리를 내리고 자라올라, 싹을 틔우고 꽃을 피운다. 그리고 마침내 열매가 맺혀서 수확 때까지 익어 간다. 영적 열매는 그리스도 안에서 점차 자라 성숙에 이르게 된 결과다. 온실에서 인위적으로 맺힌 열매는 자연스럽게 익은 열매에 비해서 맛이 없다. 마찬가지로, 영적 영역에

---

1) Augustine, *Of Grace and Free Will*, 8장.

서도 조직적 방식이 촉진하는 성장('~하는 방법')은 대개 인위적이다. 이는 진짜배기가 아니며, 너무 과장되어 진지하게 받아들일 수 없는 경험들로 종종 묘사된다. 지속되지 않는 기적, 실현되지 않는 예언, 확인되지 않는 소문 등이 그렇다. 사람들은 이런 것에 곧 흥미를 잃는다.

최고의 결과를 위해 열매는 가장 알맞을 때 따야 한다. 설익었을 때 따면 쓴맛이 나고 딱딱하다. 이를 알면 삶이 때로 팍팍하다는 생각이 든다. 신자들이 늘 반짝거리며 행복이 가득한 사람들은 아니다. 살다 보면 힘겨운 일을 만나 낙심되거나 소망이 좌절되거나 기진맥진해진다. 우리는 자기 자신에게 종종 실망하고 때로 우리를 배신한 사람들에게 실망하지만, 예수님은 절대 우리를 낙심하게 하지 않으실 것이며 더 나아가 우리를 놓아 보내지도 않으실 것이다. 은혜는 실의의 늪 저편으로 건너갈 수 있도록 우리를 도울 것이다. 무엇보다도, 죄라는 해충이 결정적으로 우리의 열매를 먹어 치우지는 않을 것이다. 그리스도의 죽음은 십자가에서 죄를 영원히 박멸한 농약이다.

대각성 시대의 위대한 부흥 설교자인 조나단 에드워즈는 초기의 한 설교에서 신자의 체험에 관해 세 가지 사항을 제시했다.

- 나쁜 일도 하나님의 목적에 따라 결국에는 선한 결과를 낼 것이다.

- 누구도 그리스도 안에서 우리가 얻는 것을 우리에게서 앗아 갈 수 없다.
- 가장 좋은 것은 아직 오지 않은 미래에 있다.

이 사항들은 그리스도 안에서 맺는 열매에 대해 말한다. "가장 좋은 것은 아직 오지 않았다."라는 말은, 신자가 그리스도 안에서 맺는 진짜 열매는 이 세상이 아니라 영원한 생명 속에, 그리스도 안에 있는 최종 안식처에 있다는 사실을 설명한다. 그때 우리는 새 창조 세상에서 하나님의 자녀로서 최대한의 성숙에 이를 것이다.[2]

이 점을 아는 게 중요하다. 이를 알면 완전함에 대한 욕구, 우리 모두에게 덫이 되는 그 욕구가 슬며시 다가올 때 거기서 벗어날 수 있다. 이생에는 완전히 무르익은 열매가 없다. 칼뱅이 즐겨 이야기했듯, 목표를 향해 '작은 진보'라도 있다면 그걸로 만족해야 한다.

왕이 추수하실 때가 분명히 온다

열매 맺기에 관해 이야기하다 보면 신약성경에서 성령의 열매라고 하는 것에 관한 논의로 바로 넘어가고 싶은 생각이 든다. 하지만

---

[2] Jonathan Edwards, "Christian happiness", 열여덟 살 때 했던 설교. 참고, 골 1:28.

이는 그 열매가 실제 맺혔을지라도 우리가 여전히 더 나은 것을 기대하는 현재에 속해 있다는 사실을 망각하는 것이다. 그러므로 그 열매들을 우리 삶의 맥락에 맞게 이해하고 그 열매들이 그리스도인의 삶에 어떤 의미를 갖는지 살펴보는 것이 중요하며, 그 열매들은 최종 추수에 대한 기대의 일부분이라는 사실을 잊지 말아야 한다.

그 최종 추수는 천국에서 있게 되며, 예수님은 마태복음 13장 37-43절의 좋은 씨와 가라지 비유에서 이를 분명히 설명하셨다.

> 대답하여 이르시되 좋은 씨를 뿌리는 이는 인자요 밭은 세상이요 좋은 씨는 천국의 아들들이요 가라지는 악한 자의 아들들이요 가라지를 뿌린 원수는 마귀요 추수 때는 세상 끝이요 추수꾼은 천사들이니 그런즉 가라지를 거두어 불에 사르는 것 같이 세상 끝에도 그러하리라 인자가 그 천사들을 보내리니 그들이 그 나라에서 모든 넘어지게 하는 것과 또 불법을 행하는 자들을 거두어 내어 풀무 불에 던져 넣으리니 거기서 울며 이를 갈게 되리라 그때에 의인들은 자기 아버지 나라에서 해와 같이 빛나리라.

예수님의 비유의 요점은, 이 세상에서는 좋은 씨와 가라지가 함께 자란다는 것이다. 이 비유는 신자가 성장을 위해 이생에서 겪는 긴장과 분투, 신자를 좌절시키는 대적의 역사를 묘사하기는 하지만,

하나님의 목적은 피할 수 없는 결말을 향해 신속히 무르익는다. 그 때가 되면 적대의 원인이 우리 삶에서 뿌리 뽑힐 것이다. 햇살 가득한 하나님 나라의 수확 때 열매가 거두어들여질 것이다. 궁극적으로 그 무엇도 그 나라 자녀들이 열매 맺는 것을 가로막지 못할 것이다. 왕이 추수하실 때가 분명히 온다!

"첫 열매"라는 신약성경의 표현에는 더 큰 그림도 암시되어 있다. 이는 우리가 지금 어떤 열매를 맺든 그 열매는 예수님이 죽은 자 가운데서의 부활과 더불어 시작하신 추수에 속한다는 점을 강조한다. 이스라엘에서 첫 열매는 모세 율법에 따라 하나님께 드렸다. 땅과 그 땅의 산물은 모두 하나님의 선물이기에 하나님에게 돌려드려야 한다는 인식이 있었기 때문이다. 백성은 땅에서 난 열매와 준비된 음식을 하나님을 대표하는 자인 제사장에게 가져갔고, 그중 일부는 제단에서 제물로 바쳐졌다.[3] 이것을 배경으로 사도 바울은 고린도전서 15장 20-23절에서 예수님을 가리켜 "잠자는 자들의 첫 열매"라고 했다. 십자가에서의 희생에 뒤이어 예수님은 마지막 날에 모든 백성이 부활할 것이라는 풍성한 추수의 약속과 함께 자신을 죽은 자 가운데서 가장 먼저 부활하신 분으로 하나님께 드렸다. 이 패턴에 따라, 예수님에게 속한 사람들은 "피조물 중에… 한 첫 열매", "성령의 처음 익은 열매"로 불린다.[4] 이들은 다가올 추수, 몸의 부활 및

---

[3] 출 23:16, 19, 레 23:9-14, 신 26:1-11.
[4] 약 1:18, 롬 8:23, 고전 16:15, 계 14:1-5.

죄와 죽음과 마귀로부터의 구원을 나타내는 징표다.

요한계시록 22장 2절에서 생명나무가 구원 이야기의 결말에 다시 등장한다. 이는 하나님을 대적하는 우리의 죄는 우리 조상들이 선악을 알게 하는 나무 열매를 취한 결과임을 떠올리게 한다. 이 나무는 말 그대로의 나무지만, 상징적 의미도 있다. 내가 상상하기에 이 나무의 열매는 인도네시아의 과일 두리안을 닮았을 것 같다. 그 지역 사람들의 말이, 두리안은 맛은 천국이지만 냄새는 지옥이라고 한다.[5] 금지된 열매를 먹으면 냄새가 진동한다. 부패와 죽음, 그리고 하나님의 임재에서 배제되는 심판이 불순종의 죄를 바싹 뒤따랐다. 인간의 체험은 이제 좋은 체험과 나쁜 체험이 뒤섞이게 되었다. 다른 나무, 즉 생명나무에 대한 접근권은 세상의 여명이 밝아 올 무렵 몰수되었다.[6] 그러나 마지막에, 천상의 도성에 있는 생명나무는 열두 가지 열매를 맺고, 달마다 열매를 내며 "잎사귀들은 만국을 치료하기 위하여" 있다. 이 역시 놀라운 상징적 의미를 지닌, 말 그대로의 나무다. 즉, 그곳에는 죄로부터의 치유가 있으며, 이 치유는 하나님의 모든 백성을 위해 언제나 영원히 새로워진다. 이 나무는 보좌에 앉으신 어린양과 그분에게서 발원하는 생명수의 강에서 나온다.[7]

성경 이야기의 시작과 결말을 자세히 들여다보면 열매 맺기 개념

---

5) 인도네시아에 갔을 때 내가 묵은 호텔 방에는 이런 안내문이 붙어 있었다. "룸에서는 취사 금지, 두리안 취식 금지, 부도덕 행위 금지!"
6) 창 2:9과 3:4-5, 22-24.
7) 생명나무가 첫 언약의 성례라면, 결국 그 나무는 영원한 용서의 성례이며 현재는 주님의 만찬의 빵과 포도주로 상징된다.

이 예수님과 사도 바울의 가르침에서 왜 그렇게 중요한지, 그리고 우리에게 기대되는 게 무엇인지 이해하는 데 도움이 된다.

나무와 그 열매를 묘사하는 예수님의 메시지 중심에는, 열매 맺지 못하는 나무는 공간을 낭비한다는 개념이 자리 잡고 있다. 이 주제는 구약성경의 예언에서 나온다.[8] 매튜 헨리는 에스겔 15장 2-3절 주석에서 "하나님의 은혜의 영광을 위해 열매를 맺지 않는 자는 하나님의 진노의 불길에 땔감이 될 것"이라고 말한다. 열매 맺지 못하는 무화과나무, 감람나무, 포도나무는 쓸모가 없다. 이런 나무들은 저주를 받을 것이고, 열매 맺는 좋은 나무들로 대체될 것이다. 이스라엘이 열매를 맺지 못한다는 것이 이야기의 결말은 아니다. 이사야 27장 2-6절에서는 이스라엘이 다시 한번 유쾌한 포도원이 될 것이라고 말한다. "후일에는 야곱의 뿌리가 박히며 이스라엘의 움이 돋고 꽃이 필 것이라 그들이 그 결실로 지면을 채우리로다." 이는 현재 혹은 미래의 이스라엘이라는 나라를 가리키는 말이 아니라, 예수님 시대의 드라마를 가리킨다. 마태복음 21장에서 비유들을 말씀하시고 건축자가 버린 돌이 집 모퉁이의 머릿돌이 된다는 내용을 시편 118편 22-23절에서 인용하신 후 예수님은 43절에서 좀 무서운 말씀을 하신다. "그러므로 내가 너희에게 이르노니 하나님의 나라를 너희는 빼앗기고 그 나라의 열매 맺는 백성이 받으리라."

---

8) 호 9:10, 10:1, 겔 19:10-14.

이런 이유로 요한복음 15장 4-5절에서 예수님은 하나님의 새 언약 백성의 기초가 될 제자들에게 예수님 안에 굳게 버티고 있으라고 권고하신다.

> 내 안에 거하라 나도 너희 안에 거하리라 가지가 포도나무에 붙어 있지 아니하면 스스로 열매를 맺을 수 없음같이 너희도 내 안에 있지 아니하면 그러하리라 나는 포도나무요 너희는 가지라 그가 내 안에, 내가 그 안에 거하면 사람이 열매를 많이 맺나니 나를 떠나서는 너희가 아무것도 할 수 없음이라.

예수님은 자기 안에 **함께** 거하라고 제자들에게 교훈하신다. 예수님의 진리 안에서 하나가 되는 것이 성장에 필요하며, 이들이 함께 예수님의 진리를 선포할 때 예수님은 이들 안에서 자라실 것이다. 이런 식으로 포도나무는 "그 결실로 지면을 채"울 것이다.[9]

사도 바울이 이 지점에서 예수님의 이야기를 이어 간다. 아주 실제적인 의미에서 그리스도인에게 있는 모든 열매는 예수님과 예수님이 우리 안에서 이루시는 일이 주는 선물이지 우리 노력의 결과가 아니다. 하늘 영광으로 올라가셨을 때 예수님은 성령의 능력을 통해 그렇게 하셨다. 예수님은 성령을 소유한 분이 되셨으며, 자신에게

---

9) 호 14:4-7.

속한 자들에게 하늘로부터 그 성령을 주셔서 삶에서 열매를 생산하게 하신다.[10] 복음은 열매를 맺어 자라게 하며, 바울은 신자들의 영적 지혜와 총명을 위해 기도한다. 그러면 신자들은 "주께 합당하게 행하여 범사에 기쁘시게 하고 모든 선한 일에 열매를 맺게 하시며 하나님을 아는 것에 자라게" 될 것이다. 바울의 간절한 바람은, 자신의 영적 자녀들이 "예수 그리스도로 말미암아 의의 열매가 가득하여 하나님의 영광과 찬송이 되"는 것이다.[11]

바울에게는 영적 열매에 관해 이야기해야 할 기본 사항 세 가지가 있었다. 그 세 가지는 다음과 같다.

1. 예수님의 가르침에서도 그랬고 구약성경에서도 그랬듯 바울은 열매 없는 어둠의 일, 즉 육체 혹은 '육에 속한 사람'의 열매를 빛과 거룩함이 맺는 열매와 대조시킨다. 전자는 죽음에 이르는 쓴 열매이고, 후자는 하나님에게 이르는 달콤한 열매다.[12] 이 대조는 너무도 뚜렷해서 성도가 아니어도 볼 수 있기는 하지만, 그래도 이를 알려면 성도여야 한다!
2. 바울은 성령의 열매를 예언이나 방언 같은 성령의 은사와 대조시킨다. 그리스도인이라면 누구나 성령의 열매를 맺지만, 성령

---

10) 고후 3:17-18. "주는 영이시니"라는 바울의 말은 이제 예수님이 성령으로써 자기 백성과 함께 계신다는 뜻이다.
11) 골 1:6, 10과 빌 1:8-11.
12) 엡 5:9-11, 롬 6:20-22, 빌 1:11, 22, 그리고 롬 7:4-5.

의 은사는 남을 섬기기 위한 목적으로 일정한 사람들에게 주어진다.[13] 이는 우리 생각과 반대다. 은사는 우리를 위한 것이 아니라, 그리스도의 몸 안에 있는 다른 사람들의 유익을 위해 주어진다. 반면, 열매는 우리의 개인적 성장을 가리키기 때문에 우리를 위한 것임이 확실하다(우리가 맺는 열매로 다른 사람들이 간접적으로 유익을 얻기는 하지만). 이를 달리 표현해 보겠다. 은사는 우리를 성장시키지 않으며, 우리가 성숙하게 되는 것이 반드시 은사 때문은 아니지만, 열매는 확실히 우리를 성장시킨다.

3. 성령의 열매는 포도나무 가지처럼 한 송이에 아홉 개의 알이 맺힌다. 성령의 열매는 사랑·희락·화평·오래 참음·자비·양선·충성·온유·절제이며… 그리스도 예수에게 속한 사람들은 육체를 그 정욕 및 탐심과 함께 십자가에 못 박았다.[14]

이 목록의 마지막 국면이 중요하다. '은사'가 때로 정욕과 탐심의 원인이 되어 교회를 분열시키기도 하는데, 고린도 교회의 경우가 바로 그랬다. 이런 일이 생기는 것은, 은사를 공로의 훈장 같은 것으로 받아들이기 때문이다. 사람들의 자존감과 자기 정체성이 어떤 은사를 받았느냐에 달린 것이다. 바울 사도가 고린도전서 13장 1-5절에

---

13) 갈 5:22-23에서 "성령의 열매"는 열매 맺기의 아홉 가지 속성을 가리키며, 그 아홉 가지는 사랑·희락·화평·오래 참음·자비·양선·충성·온유·절제. 성령의 은사는 서로 다른 해석에 따라 일곱 가지나 아홉 가지, 혹은 열여섯 가지가 있다고 한다. 고전 12:1-11을 보라.
14) 갈 5:22-24. 이를 골 3:12-17과 비교해 보라.

서 암시하듯이, 여기 잠복해 있는 문제는 교만이다. 이것이 왜 위험하냐면, 내가 사랑하는 모든 것이 그저 다 욕구일 뿐이기 때문이다. 그 은사를 가져야겠다는 욕구 말이다. 그리스도 안에서 다른 사람에 대한 사랑, 성령의 열매로서의 그 사랑은 그런 맹목적 샛길로 빠지지 않는다. 왜냐하면 이 사랑은 겸손히 자기를 낮추는 사랑이기 때문이다.

마지막으로, 포도송이에 달린 포도알처럼 열매는 다 똑같아 보인다. 바울이 나열하는 아홉 가지 열매가 서로 닮은 것은 이 열매들이 모두 우리를 주 예수님에게 연합시키는 성령님에게서 오기 때문이다. 그럴 때 이 자질들은 우리 안에서 자라기 시작한다. 예수님 자신이 이 땅에 사시는 동안 보여 주신 기질적 태도들이 바로 그러했다. 이 태도들은 예수님이 이 땅에서 어떻게 사셨고 어떻게 죽으셨는지를 설명해 준다. 우리가 그런 예수님에게 속해 있으면, 예수님의 삶을 능력 있게 했던 것들이 우리 삶의 방식 또한 형성해 준다. 그리스도에게로 자라면서, 우리를 그리스도에게 연합시키시는 성령님을 통해 우리는 삶 가운데 그리스도의 열매를 맺는다. 고린도전서 13장에서 말하는 것처럼 사랑이 무엇보다 우선이라면, 이는 사랑이 다른 모든 것을 융합시키기 때문이다.

그렇다면 '나는 성령의 열매를 맺고 있는가?'라는 질문은 '나는 삶 가운데서 그리스도와 같은 태도를 보이고 있는가?'와 똑같은 질문이다. 내 성향은 사랑 · 희락 · 화평 · 오래 참음 · 자비 · 양선 · 충성 ·

온유·절제를 입증하는가? 또한 이는 '나는 지금 여기서 그리스도 안에서의 삶을 살고 있는가?'와 똑같은 질문이기도 하다. 이는 가장 근본적인 질문이다. 이는 우리의 작고 보잘것없는 삶에 빛을 비추어 준다. 물론 이런 질문에 정직하게 긍정적으로 답변할 수 있는 사람이 거의 없는 만큼, 이 질문은 우리를 불편하게 한다. 그렇다면 어떻게 해야 할까? 자, 이 문제에는 두 가지 해답이 있다. 첫째는, 우리의 모든 의지를 다해 주 예수님에게 더 가까이 가는 것이다. 둘째는, 우리 대다수의 경우가 그렇듯, 예수님에게 더 가까이 가는 게 어렵다면 주님 앞에서 기다리는 것이다. 예수님이 마태복음 7장 7-12절에서 가르치시는 대로 문이 열릴 때까지 구하고 두드리는 것이다. 이는 야고보서 1장 5-6절과도 들어맞는다. "너희 중에 누구든지 지혜가 부족하거든 모든 사람에게 후히 주시고 꾸짖지 아니하시는 하나님께 구하라 그리하면 주시리라 오직 믿음으로 구하고 조금도 의심하지 말라…."

우리가 바라는 만큼 열매를 맺지 못하는 이유는 대개 간절히 열매를 구하지 않기 때문이다.

하나님의 영광을 위한 열매

지혜, 지식, 열매 맺기는 하나님의 영광을 위해 사는 삶의 표지다.

하나님의 영광이 이 땅에서 우리 삶의 주된 목표이며, 천국에서도 그것이 우리가 할 일일 것이다. 지금 열매를 맺고자 할 때, 이를 위한 최선의 길은 하나님과 하나님의 영광에 초점을 맞추는 것이다. 이는 무슨 의미인가? 그리고 어떻게 그렇게 할 수 있는가?

이와 관련해서는 웨스트민스터 대요리문답의 첫 번째 문답을 주목해 볼 만하다.

> 문 1. 사람의 최고 목적은 무엇인가?
> 답. 사람의 최고 목적은 하나님을 영화롭게 하고 그분을 영원히 즐거워하는 것이다.[15]

이 문답에는 신자가 하나님의 영광을 위해 열매 맺는 법을 이해하는 데 도움이 되는 세 가지 암시가 있다.

1. 이 문답의 이유

대요리문답의 처음 다섯 가지 질문은 하나님과 인간, 계시와 성경에 관한 내용이다. 이 내용은 기독교 신앙 전반을 실행하기 위한 기본 태도다. 기초가 잘못되면 건물 전체가 비정상 상태에 있게 된다. 대요리문답은 하나님만으로, 혹은 인간만으로 시작하지 않고, 하나

---

15) 롬 11:36, 고전 10:31, 시 73:24-28, 요 17:21-23.

님 **그리고** 인간으로 시작한다.

우리는 하나님 자체, 혹은 인간 자체에 관해서는 이야기할 수 없고, 성경이 계시하는 것처럼 하나님과 인간의 관계, 하나님과 인간 서로에 대해서만 이야기할 수 있다. 이것이 프로테스탄트 종교개혁의 핵심이다.[16] 믿음은 사물의 본질, 하나님의 존재 여부에 관한 게 아니고, 하나님의 존재 증거에 관한 것도 아니다. 믿음은 하나님과 인간의 관계, 즉 하나님이 우리를 대하시는 방식, 그리고 거기서 비롯되는 지식에 관한 것이다. 초점을 맞추어야 할 문제는 하나님의 본질이나 실존, 심지어 하나님의 주권도 아니다. 하나님을 영화롭게 하는 것은 인격적 관계에서 시작한다. 이것이 모든 차이를 낳는다.

그리고 여기에서 네 가지 결과가 이어진다.

- 하나님은 창조 세상과 인간의 궁극적 이유다. 싫든 좋든 우리는 궁극적으로 하나님과 관계를 맺으며, 하나님에게 답변해야 한다.
- 하나님은 만물 위에 계시며(우리는 하나님을 영화롭게 한다) 그와 동시에 우리 가까이 계신다(우리는 하나님을 즐거워한다).
- 세상이 돌아가는 것은 잃어버린 세상을 향한 하나님의 구원의 사랑 때문이다.

---

[16] 마르틴 루터의 십자가 신학, 그리고 칼뱅의 『기독교강요』 첫 장이 증언한다.

- 이런 일을 보는 관점은 언약적 관점이다. 하나님은 자기 이름을 영화롭게 하기 위해 백성을 부르시고 연합시키는 언약의 하나님이시다.

그래서 이 질문은 인간으로서 우리가 하나님 없이는 우리 삶에서 참 의미를 절대 찾을 수 없음을 지적한다. 우리는 하나님과의 언약에서 참 의미를 발견한다. 그렇다면 하나님을 영화롭게 하기 위해서는 어떻게 해야 하는가?

2. 하나님을 영화롭게 한다는 것은 무슨 의미인가? 그 일이 왜 인간의 목적인가?

첫 번째 질문에 대한 답변이 두 번째 질문에 대한 답변의 기조를 결정한다.

우리가 하나님을 영화롭게 해야 하는 것은, 하나님 자신이 하시는 일이 바로 그 일이기 때문이다. 하나님의 영광은 영원하고 인격적이다. 하나님은 세 위격이 서로를 영원히 사랑하고 영화롭게 하시는 삼위일체이시다. 성경에 따르면, 하나님은 세 가지 보완적인 방식으로 하나님 자신을 영화롭게 하신다.

- 하나님은 스스로 영화롭게 하신다.

하나님은 스스로 영화롭게 할 수 있는 유일한 분이시다. 왜냐하면 하나님만이 하나님이시고, 하나님만이 영화로움의 의미에 부합할 수 있기 때문이다. 인간의 자기도취(self-glorification)와 관련해 짜증이 나는 점은, 사람이 스스로 공을 세워서 자기를 부풀리면 얼마 지나지 않아 들통이 난다는 것이다. 이와 대조적으로 삼위 하나님은 모두 영화로우시며, 이는 서로에 대한 사랑에 반영된다. 성부는 성자를 사랑하시고, 성자는 성부를 사랑하시며, 성령은 더할 수 없이 신적인 사랑이시다. 성자는 성부의 영광의 광채이시다.[17]

- 하나님은 창조로 자기를 영화롭게 하신다.

하나님의 영광은 하나님의 창조 세계로 넘쳐흐른다. 창조 행위는 삼위 하나님이 사랑으로 하신 일이며, 이 행위는 전적으로 "매우 좋다." 시편 8편은 하나님의 주목할 만한 위대함에 대해서, 그리고 그렇게 크신 분이면서도 우리와 가까이 계시는 것에 관해서 말한다. 하나님의 이름이 온 땅에 위엄을 떨치고 하나님이 자기 영광을 하늘 위에 두시지만, 그러면서도 하나님은 "어린아이들과 젖먹이들의 입"을 통해 이를 증언하신다.

- 하나님은 구원으로 자기를 영화롭게 하신다.

시편 145편은 하나님의 영광이 얼마나 큰지에 관해 이야기하며, 하나님의 구원 사역, 하나님이 행하신 "두려운 일"을 강조한다.

---

17) 요 17:1, 4-5 그리고 17:22-23, 히 1:3.

> 여호와는 은혜로우시며 긍휼이 많으시며 노하기를 더디 하시며 인자하심이 크시도다 여호와께서는 모든 것을 선대하시며 그 지으신 모든 것에 긍휼을 베푸시는도다 여호와여 주께서 지으신 모든 것들이 주께 감사하며 주의 성도들이 주를 송축하리이다.[18]

하나님 나라는 영원한 나라이기에, 구원에 나타난 하나님의 영광은 새 창조 세계로 넘쳐흐른다. 하나님은 새 창조 세계에 구원을 알리심으로써 자기를 영화롭게 하신다.

그러므로 하나님은 인간 삶의 목적, 혹은 주된 목적이시다. 지적 능력을 갖춘 언약의 피조물로서 인간은 하나님을 영화롭게 하는 일로 이끌린다. 우리는 왜 이 땅에 있는가? 다른 이유는 없고, 오직 하나님을 영화롭게 하기 위해서다. 우리의 목적은 하나님을 영화롭게 하는 것이며, 이것이 다른 사람들 가운데서 부름 받은 우리에게 주어진 주된 소명이다. 그 일을 잘 해내면 우리는 열매를 맺게 될 것이다. 이 일에 초점을 맞추는 방법과 관련해 여기서 말해 두어야 할 것이 두 가지 있다.

---

18) 시 145:8-13, 계 4:9-11 그리고 15:3-4.

- 우리가 하나님을 영화롭게 하는 것은 하나님이 그렇게 명령하시기 때문이다.

인간은 다른 누구에게도 자기를 사랑하라고 요구할 수 없다. 독재자라면 그렇게 하고 싶어 한다. 그리고 그것이 바로 독재자가 비공식 시찰에 나서서 어린아이들을 껴안고 사진을 찍는 이유다. 하지만 독재자의 이런 행동은 사랑이 아니라 두려움과 혐오를 불러일으킨다. 하나님의 경우는 다르다. 성경 여러 곳에서 하나님은 우리에게 하나님을 기뻐하라고, 하나님의 이름을 높이라고, 감사하라고, 그리고 무엇보다도 하나님을 사랑하라고 명령하신다. 하나님만이 정당하게 자기 자신을 영화롭게 하실 수 있는 것과 마찬가지로, 하나님만이 하나님을 사랑하라고 명령하실 수 있다. 왜인가? 사랑이야말로 하나님이 깊이, 그리고 완전히 아시는 것이며, 이 사랑이 하나님 안에서 이미 완전하기 때문이다. 하나님은 완전한 사랑이시고, 바로 그 이유로 하나님은 다른 모든 사랑의 기준이시며, 그런 만큼 하나님은 영광을 받으셔야 한다. "네 마음을 다하고 목숨을 다하고 뜻을 다하여 주 너의 하나님을 사랑하라"는 것이 언약의 명령이다. 우리가 하나님을 사랑하고 하나님께 영광을 돌릴 때 하나님은 자신의 사랑과 위엄으로 우리를 하나님 자신과 연합시키신다. 하지만 하나님을 사랑하는 데에는 부차적인 이유도 있다.

- 우리가 하나님을 영화롭게 하는 것은 그것이 우리에게 유익이 되기 때문이다.

숨을 쉬는 것이 삶의 한 부분인 것처럼, 하나님을 영화롭게 하는 것이 하나님이 어떤 분이신가에 대한 합당한 반응이다. 하나님을 영화롭게 하는 것이 우리의 본분, 혹은 언약적 반응이라고까지 말할 수 있다. 우리는 하나님의 형상으로 창조되었으며, 그래서 하나님을 사랑함으로써 우리는 사실 우리 자신을 발견한다. 하나님이 우리에게 하나님을 사랑하라고 명령하시는 것은 인간으로서의 우리의 사명이 하나님을 영화롭게 하는 것이기 때문이다. 그렇게 할 때 우리는 그 사명을 즐긴다. 이것이 다른 사람들 눈에는 불가능해 보이는 일이고 이 때문에 주변 사람들과 사이가 멀어질 수도 있지만, 우리는 아무것도 잃지 않고 오히려 모든 것을 얻는다. 왜냐하면 하나님을 사랑하는 것은 순수한 즐거움이기 때문이다.

3. 우리는 어떻게 완전히 하나님을 즐거워하는가?

신자로서 하나님을 완전히 즐거워하는 사람은 없다. 그래서 우리는 종종 이에 대해 죄책감을 느낀다. 우리는 충분히 즐거워하지 않는다. 하나님에 대한 우리의 사랑은 뜨겁게 불타오르지 않고 미적지근하다. 그것이 바로 누구도 사실상 하나님을 삶 전체로 영화롭게 하지 못하는 이유다. 우리는 현실의 염려에 얽매여 있고, 이는 그 자체로는 잘못이 아니지만 그렇게 되면 그 일이 우리 삶을 지배하게 된다. 하지만 하나님을 영화롭게 하는 것은 율법이 아니라, 하나님의 경이로움과 하나님의 사랑의 위대함을 보고 거기서 생겨나는 복음의 부름(혹은 흔히 말하는 본분)이다. 하나님의 영광을 볼 때 우리에게 생기는 결과는, 그 모든 광경의 아름다움을 즐거워하고 기뻐하고 좋아하게 되는 것이다. 그렇게 우리는 하나님을 영화롭게 하고 즐거워한다.[19] 이는 일주일 내내 비가 오다가 맑게 갠 날 아침, 햇살에 잠이 깨어 눈을 뜨는 것과 비슷하다. 순전한 기쁨인 것이다. 하나님을 기뻐하는 일은 이생에서 시작되어 영원 세상에서 완결되며, 그곳에서 이 기쁨은 다른 그 무엇도 섞이지 않은 온전한 기쁨이 될 것이다. 이생에서 작게 시작할 수 있다면 즐거움의 열매에서 만족을 누리게 될 것이다.

많은 그리스도인이 하나님을 영화롭게 한다는 것은 함께 모여 흥겨운 찬양을 연주하는 거라고 생각한다. 하지만 그것이 전부가 아니다. 하나님을 찬양하고 영화롭게 한다는 것은 함께 노래하는 것만이 아니라 삶의 성향 전부를 말한다. 내가 상상하기에 영원 세상에서 하나님을 영화롭게 하는 것은 하늘의 새로운 문화 명령을 이행하는 일이 아닐까 한다. 여러 가지 거룩한 활동, 지금과는 다른 섬김으로 하나님을 영화롭게 그 활동들로 하나님을 찬양할 것이고 우리 자신은 만족감을 느낄 것이다. 회복된 피조물로서 우리가 하게 될 섬김의 일은, 새로워진 우리의 인성만큼 다면적일 것이며, 우리는 길이도 새롭고 폭도 새로워진 우주 안에서 하나님을 섬기게 될 것이다.

---

[19] 존 파이퍼가 말하다시피, 하나님을 영화롭게 **하고**(and) 즐거워하는 것이지, 즐거워**함으로써**(by) 영화롭게 하는 것이 아니다(*Desiring God*, 1986, 『하나님을 기뻐하라』, 생명의말씀사). 즐거워하는 것은 하나님을 영화롭게 하는 **수단**이 아니라 하나님을 영화롭게 하는 데 따르는 **결과**다.

그리스도의 영광스러운 재림을 기다리면서 신자들이 지금 여기서 하나님을 영화롭게 하고 즐거워할 수 있는 네 가지 기본적인 방법이 있다.

- 하나님을 주님으로 고백하고 하나님의 이름을 높인다.

로마서 11장 36절의 송영이 모범을 제시한다. 우리는 "만물이 주 **에게서** 나오고 주로 **말미암고** 주에게로 돌아감이라 그에게 영광이 세세에 있"다는 사실을 인식하며 주님을 예배한다. 눈에 보이는 모든 것이 궁극적으로 하나님의 피조물로서 하나님**에게서** 나온다고 우리가 고백할 때 하나님은 영화롭게 되신다. 하나님의 섭리가 만물을 지탱하고 전개하기에 만물이 하나님으로 **말미암고**, 모든 것은 마치 큰 강이 바다로 흘러 들어가듯 하나님에게로 돌아가며, 이는 의와 공의가 다스리는 새로운 창조 세계의 영화로운 결말을 그려 보인다.

- 하나님의 말씀을 진지하게 받아들이고 그 가르침을 따른다.

시편 73편은 교만하고 악한 자가 번영하여 "살찜으로 그들의 눈이 솟아나"는 모습에 괴로워하는 사람에 관해 말한다. 하지만 절망은 오래가지 않고, 마침내 이 사람은 하나님의 임재로 들어가 그 괴물들에게 어떤 결말이 기다리고 있는지 보게 된다. 세상 압제자들의 발밑에서 박해당하고 순교하는 그리스도인들을 위해서는 뭐라고 말할 수 있을까? 이 시편 23-26절이 답변을 준다.

> 내가 항상 주와 함께하니 주께서 내 오른손을 붙드셨나이다 주의 교훈으로 나를 인도하시고 후에는 영광으로 나를 영접하시리니 하늘에서는 주 외에 누가 내게 있으리요 땅에서는 주 밖에 내가 사모할 이 없나이다 내 육체와 마음은 쇠약하나 하나님은 내 마음의 반석이시요 영원한 분깃이시라.

하나님은 압제자들이 부당하게 손에 넣은 권세를 너무 오래 누리게 하지 않으실 것이다. 이를 알면 안심이 된다.

- 하나님의 백성과 함께 드리는 예배는 하나님의 구원에 영광을 더한다.

교회 예배는 많은 현대인에게 지루하기만 하다. 내가 생각하기에 이는 우리의 예배가 하나님의 임재에 대한 인식을 잃었기 때문이다. 오늘날의 예배는 예배로의 부름, 즉 하나님이 자기 백성을 만나려고 모두 부르시는 순서로 시작하지 않는다. "안녕하십니까."라는 단조로운 아침 인사로 예배를 시작한다면 이는 이 회집이 다른 어떤 모임과도 다르다는 놀라운 사실을 망각하는 것이다. 왜냐하면 **하나님이 우리를 자신의 임재로 청하여 들이시기** 때문이며 이것이 '교회'(에클레시아[ekklēsia])라는 말의 의미다. 하나님이 우리를 부르셔서 **하나님을** 만나게 하시고, 자신의 율법과 복음을 경배하고 듣게 하시며, 죄 사함을 받게 하신다는 사실을 아는 것, 이것이 한 주간의 중요한 사건이다. 다른 어떤 일보다 훨씬 중요한 사건이다. 그러므로 "사람이 내게 말하기를 여호와의 집에 올라가자 할 때에 내가 기뻐하였도다"[20]라고 말한 시편 기자의 심정을 우리는 이해한다.

- 하나님이 창조하신 세계를 올바로 활용하여 하나님을 찬양한다.

하나님을 영화롭게 하는 것은 성전 문에서 시작하지 않는다. 성전 문을 통해 속(俗)에서 성(聖)으로 들어가기는 하지만, 그것은 매우 제한적인 관점이다. 창조 세계의 구석구석에서 매일 매시간 일어나는 모든 일이 다 하나님의 소유다. 시편 24편 1절에서는 "땅과 거기에 충만한 것…은 다 여호와의 것"이라고 말한다. 시편 19편 1-6절에서 하늘들은 하나님의 것이고 하나님의 영광을 선포한다고 하는 것처럼, 창조된 땅도 하늘과 다름없이 하나님의 것이다. 시편 24편 3-5절에서 말하다시피, 하나님의 세상에서 하나님을 예배하고 하나님의 복을 받을 수 있으려면 "손이 깨끗하며 마음이 청결"해야 한다. 부활하신 주 예수님이 우리를 위해 문을 열어 놓으셨다. 바울은 고린도전서 10장 31절에서 "너희가 먹든지 마시든지 무엇을 하든지 다 하나님의 영광을 위하여 하라"라고 말하기 직전, 시편 24편 1절을 인용한다. 이 맥락에서, 우상에게 바쳤던 고기 문제에 관한 바울의 가르침은, 모든 것이 주님의 것이고, 따라서 우리는 먹고 마시기를 포함해 모든 일을 주님의 영광을 위해서 할 수 있다는 것이다. 하지만 바울은 다른 사람들의 기분도 존중해야 한다고, 신자로의 우리

---

[20] 시 122:1.

의 행동 방식 때문에 양심에 불편함을 느낄지도 모르는 사람들을 불쾌하게 만드는 일이 없어야 한다고 주의를 준다. 하나님의 창조 세계에서 하나님의 영광을 찬양하는 일에는 한계가 없지만, 이웃을 사랑한다면 이들의 양심을 존중하는 마음으로 우리의 자유에 고삐를 조여야 하는 때도 있다.[21]

4. 하나님을 즐거워하기를 고무시키는 태도

타락 전에 창조된 존재로서 인간은 하나님을 영화롭게 하고 하나님과의 교제를 누리는 방법을 알아야 한다. 인간은 기쁨으로 하나님을 기다렸다. 하지만 인간은 이 일에 두 가지 방법이 있다는 것을 알아야 했다. 인간은 남자와 여자로서 관계를 맺는 법을 알아야 했고, 노동하고 동산 성소를 지킴으로써 '문화 명령'을 이행하는 법을 알아야 했다. 삶의 이 두 가지 영역 모두 발전과 학습 과정을 암시했다. 죄 속으로 타락한 후 하나님을 영화롭게 하고 즐거워하는 일은 두려움으로 빛을 잃었다. 하나님을 영화롭게 하는 일은 이제 더는 열매 맺는 일이 아니었다. 우리가 거듭나서 그리스도 안에서 자랄 때에도 하나님을 영화롭게 하는 일이 자연스레 뒤따르지 않는다.

우리는 하나님을 영화롭게 하고 즐거워하는 법을 다시 배워야 한다. 영적 연습을 통해 이 일에 힘쓸 필요가 있다. 이는 커피 마시기

---

21) 그리스도인의 자유는 옳지도 그르지도 않은 일, 혹은 아디아포라(*adiaphora*)로 여겨지는 일들 가운데 존재한다. 하나님의 말씀에는 이런 일들에 대해 이렇게 하라, 저렇게 하라는 직접적 명령이 없기 때문이다.

와 비슷하다. 젊은 사람들은 처음에는 커피를 안 좋아하지만, 나중에 커피 문화에 젖어 들면 인스턴트커피는 확실히 멋지지 않다는 걸 알게 된다. 요즘은 아메리카노를 즐겨들 마시지만, 진정한 커피 애호가들은(나처럼) 더블 에스프레소에 설탕도 시럽 향도 전혀 넣지 않은 것 외에는 마시지 않는다.

하나님을 기뻐하는 법을 익히기 위한 세 가지 기본 태도가 있다.

- 하나님이 얼마나 크신 분인지를 생각하며 그저 감탄하는 시간을 갖기

특히 그리스도 안에, 그분의 신성과 인성에 드러난 하나님의 위대하심을 맛본다. 청교도들이 자주 말하듯이, "예수님의 위대한 생각을 생각하면 다른 일들은 빛을 잃고 하찮아진다." 예를 들어, 주 예수님이 사역 기간 내내 얼마나 이유 없이 미움 당하셨는지, 그런데도 예수님이 어떻게 순전하고 무죄한 방식으로 이에 대응하셨는지를 생각해 보라.

- 하나님의 영광을 기뻐하기

주님을 두려워하는 것이 지혜의 시작이다. 이 '두려움'은 하나님이 압도적으로 경외해야 할 분이시라는 사실에 감동하는 것을 말한다. 하나님은 주님이시며, "사람이 무엇이기에 주께서 그를 생각하시…나이까"라는 말씀에서 볼 수 있는 것처럼 우리는 스스로 매우 하잘 것없음을 느낀다. 하지만 하나님은 우리의 구주이시기도 하며, 그

래서 하나님의 약속과 완전한 사랑에서 느껴지는 친밀함은 두려움을 누그러뜨린다. 기도할 때 우리는 우리 자신에서 벗어나 하나님을 예배하게 된다. 숨 막히는 풍경에 감동하고 싶을 때 동네 수로(水路)에 가지는 않는다. 그럴 때는 그랜드 캐니언에 가야 한다. 그랜드 캐니언에 가면, 할 말을 잃게 만드는 풍경에 압도될 것이며, 절벽 가장자리에서는 겁이 나기도 할 것이다. 마찬가지로, 하나님에게 다가가 그분의 경이로움과 아름다움을 볼 때 우리는 하나님을 즐거워하고 기뻐하는 동시에 그 영광을 조망하면서 압도되기도 한다. 이사야의 예언 6장에서 이사야의 경우를 보라. 또는 요한계시록 1장에서 요한을 보라. 성경에 등장하는 모든 성도와 마찬가지로, 하나님을 만날 때 이들은 곧 고개를 숙이고 엎드리지만, 곧이어 하나님이 안심시켜 주시고 자비롭게 대해 주심에 따라 친밀한 느낌이 두려움을 이긴다. 그렇게 우리는 주님의 영광을 인식하고 우리 눈으로 보는 것에서 기쁨을 누린다.

- 하나님께 감사하기

우리는 하나님이 주시는 모든 것을 감사와 기쁨으로 받는 법을 배운다. 행복을 주실 때든 역경과 고난을 주실 때든 똑같이 말이다. 병상(病牀)이 그리스도의 성실함이 빛을 발하는 곳이 될 수도 있다. 야고보서 1장 2절에서 말하다시피, 복음을 위해 시험을 당할 때도 우리는 모든 것을 "온전히 기쁘게 여"긴다. 왜 그런가? 이 시험이 인내를 이루게 하고, 이 인내가 완성되면 단순한 믿음이 아니라 인생의 역경을 견딜 수 있을 만큼 진짜배기 믿음이 되기 때문이다.

존 파이퍼는 이 사실을 다음과 같이 요약한다.

> 하나님은 우리가 하나님 안에서 가장 만족스러워할 때 가장 영광 받으신다. 그리스도는 비할 데 없는 기쁨이 되실 때 영광스러운 보화로서 높임 받으신다.[22]

소망 가운데 삶으로써 열매 맺기

성경은 풍성한 결실을 촉진하는 두 가지 기본 사항을 우리에게 가르친다. 첫째는 하나님, 하나님의 방식, 하나님의 일에 관해 우리는 무엇을 믿어야 하는가이고, 둘째는 그 믿음을 반영하기 위해 우리는 무엇을 해야 하는가이다.[23] 믿음은 실제적 표현이 없으면 완전하지 않다. 하지만 어떻게 그것이 가능한가? 그리스도인은 성경의 가르침에 순종하는 법과 삶 속에서 그 가르침이 열매 맺게 하는 법을 알고 있다. 그리스도인은 하나님 안에서 긍정적이고 생생한 소망을 가짐으로써 그렇게 한다. 히브리서에서 볼 수 있는 구약 시대 충성스

---

22) John Piper, *The Dangerous Duty of Delight*, Multnomah, Colorado Springs, 21, 27(『최고의 기쁨을 맛보라』, 좋은씨앗). 파이퍼는 이 주제에 관해 우리에게 많은 것을 가르쳐 준다(나는 파이퍼가 말하는 '기독교 희락주의'라는 표현을 좋아하지 않지만). 그랜드 캐니언 예화는 파이퍼에게서 빌려 왔다.
23) 『웨스트민스터 대요리문답』, 5문.

러운 신자들의 초상화 전시실은, 겉으로 보이는 상황과 낙담스러운 일에도 불구하고 신자들이 계속해서 하나님을 신뢰하고 영원 세상을 기대하며 바라본다는 사실을 증명한다. 그래서 모세는 "그리스도를 위하여 받는 수모를 애굽의 모든 보화보다 더 큰 재물로 여겼으"며, "이는 상 주심을 바라"보았기 때문이다.[24]

1. 하나님의 약속은 열매를 맺는다

성경은 하나님에 관해 3인칭 단수로 말하거나 추상적인 진술을 하지 않는다. 하나님은 직접적인 '나와 너' 관계에서 1인칭 단수로 말씀하신다. 하나님은 자신의 위대한 행위 가운데 하신 일을 우리에게 말씀하신다. 하나님은 창조의 일을 하시고 구원의 일을 하시며, **약속들**을 주신다. 그래서 성경의 하나님은 자신을 소망의 하나님으로, 장차 자신의 신실함을 증명할 분으로 믿으라고 우리에게 요구하신다. 우리가 하나님을 의지하고 바라보면 소망이 우리 삶에 열매를 맺어서, 공허와 낙심과 절망에 빠지지 않게 해 준다.

소망은 성경 이야기가 시작할 때부터 존재한다. 소망은 하나님의 생명의 약속에 의해 인간의 기질 속에 단단히 짜 넣어져 있다. 하나님이 세상을 창조하신 그 일주일에만 하나님과 함께하는 안식으로 이어지는 미래 지향적 전망이 있는 게 아니라, 하나님의 형상으로

---

[24] 히 11:24-28.

창조된 인간의 정신에도 영원 개념이 프로그램되어 있다. 태초 이래로 하나님이 인간을 언약 중심으로 대하시는 것은 미래에 이루어질 완성을 가리킨다. 성경이 보여 주는 소망에는 두 가지 측면이 있다. 즉, 이는 구원에 대한 소망이고, 공허를 이기는 소망이다.

2. 구원의 하나님

죄가 인간을 하나님의 성소에서 배제할 때, 인간의 삶은 예속 상태가 되어 죽음으로 끝을 맺게 된다. 불안, 두려움, 공허감이 치고 들어온다. 하나님은 새로운 시작을 약속하는 탈출(exodus)을 통해 이 상황에 개입하시고 구출하신다. 이 탈출 주제가 아브라함 이후 줄곧 하나님 백성의 소망의 토대가 된다. 우리는 탈출이라고 하면 대개 애굽의 노예 상태에서 탈출한 일을 떠올린다. 그 사건이 탈출의 가장 두드러진 모형이기는 하다.[25] 하지만 성경에서는 여러 번의 '탈출'이 반복된다. 아브라함은 메소포타미아의 이교 신앙에서 벗어나라고 부름 받은 뒤 미래를 위한, 아브라함의 후손과 온 세상을 위한 약속을 받는다.

- 애굽에서 탈출하여 약속의 땅에 있는 하나님의 성소를 향해 순례하는 여정은 아브라함에게 주어진 소망의 실현이다.

---

[25] 이 책 1장에서 예수님과 하나님의 새 백성에 관한 부분을 보라.

- 훗날, 바벨론 포로 생활이라는 심판에서 귀환한 일은 애굽 탈출을 되풀이하고 성경의 예언을 실현한다. 이 일로 하나님의 백성은 다시 한번 한 나라로 모여, 성전을 재건하고, 약속된 메시아를 기다린다.
- 메시아 예수님이 마침내 오실 때, 예수님을 믿는 사람들은 그분의 죽음과 부활로써 믿음에 의해 새로운 생명으로 다시 살아나 백성의 개선 행진으로 예수님을 따른다. 예수님은 이들을 새 창조 세계로 인도하신다.[26]

이렇게 성경 전체의 서사는 죄의 속박에서 해방되어 하나님이 약속하신 땅으로 들어간다는 소망을 중심으로 선회한다. 신자로서 우리는 탈출하는 백성의 일부가 되어 죄에서 구출되고 그리스도와 함께 부활하여 그분이 안겨 주실 최종 승리를 기다린다. 이것이 그리스도인의 소망이다. 인생은, 존 번연이 『천로역정』에서 적절히 간파했듯이 목적지가 있는 순례 여정이다.

3. 공허로부터의 자유

로마서 4장 18-22절은 아브라함이 겪은 일을 신앙의 모범으로 제시한다.

---

[26] 히 11:8, 27, 눅 9:28-36, 엡 4:8.

> 아브라함이 바랄 수 없는 중에 바라고 믿었으니 이는 네 후손이 이 같으리라 하신 말씀대로 많은 민족의 조상이 되게 하려 하심이라 그가… 믿음이 약하여지지 아니하고 믿음이 없어 하나님의 약속을 의심하지 않고 믿음으로 견고하여져서 하나님께 영광을 돌리며 약속하신 그것을 또한 능히 이루실 줄을 확신하였으니 그러므로 그것이 그에게 의로 여겨졌느니라.

아브라함이 "바랄 수 없는 중에 바랐다"는 것은 인간적 수단이 전혀 없어서 모든 것이 약속과 상반되는 방향을 가리키는 상태에서 하나님을 바라보고 의지했다는 뜻이다. 모든 것이 절망적으로 보여서, 하나님의 약속을 제외하면 믿을 이유가 전혀 없을 때, 믿음이 이 상황을 장악한다는 사실을 아브라함이 본보기로 보여 준다.

구원 역사에는 하나님이 개입하셔서 절망적 상황에 생명을 안겨 주시는 위대한 순간들이 많다. 다음은 두드러진 사례 세 가지다.

- **하나님은 아브라함의 아내 사라가** 나이 많아 임신할 수 없었을 때 아들을 주신다. 사라는 아들을 낳으리라는 말에 웃음을 터뜨리고, 그 때문에 아들의 이름은 이삭이 된다. 훗날 아브라함은 이 일을 아주 잘 이해하게 되었고, 약속에 대한 믿음이 굳건했던 그는 심지어 그 아들을 제물로 바칠 각오까지 했다. 아브라함은 하나님이 아들을 죽은 자 가운데서 일으키실 수 있다고

믿었다.[27)]

- **처녀 마리아**는 구원을 기다리는 하나님 백성의 소망의 상징이다. 누가복음 1장 38절을 보면, 마리아는 하나님이 잃어버린 인류를 속량하신다는 것, 그리고 구원은 인간의 행위가 아니라 오직 하나님에게서 온다는 것을 인식하고 있다. "주의 여종이오니 말씀대로 내게 이루어지이다." 하나님은 두려움과 위기뿐인 삶의 공허 속으로 들어오셔서, 그 어떤 인간적 도구도 없이 자기 아들을 주신다. 약속에 따르면, 예수님이 자기 백성을 이들의 죄에서 구하실 것이다.

- 부활 주일에 **막달라 마리아는 무덤이 텅 빈 것을 발견한다**. 예수님을 만나자 마리아는 "나의 주 나의 하나님"이라고 고백한다. 죽은 자 가운데서 돌아오신, 살아 계신 예수님은 죽음 너머의 생명과 새 창조 세계에 대한 그리스도인의 소망의 중심이다. 예수님은 소멸한 죄의 권세, 죽음의 권세, 사탄의 권세를 깨부수셨다.

이 세 가지 사례는 그리스도인의 소망이 영원을 지향한다는 것을 가리킨다. 이는 소망 없는 세상에서 하나님 안에 있는 소망의 모범이다. 빈 무덤은 이 땅의 모든 소망을 무효화한다. 우리는 이 땅의

---

27) 히 11:17-19.

소망이 아니라 살아 계신 예수님을 바라본다. 하나님의 은혜는 우리의 실존을 재프로그램하고, 하나님의 간섭은 부활하신 그리스도 안에서 새 생명과 소망을 창조한다.

위에서 아래로의 관점

그리스도를 따르는 사람들로서 우리가 열매를 맺는 것은 이생에서 우리의 기대와 사명이 우리가 그리스도에게로 자라 감에 따라 변화하기 때문이다. 열매 맺지 못하던 과거, 그 과거의 "열매 없는 어둠의 일"과 현재 사이의 대조는 에베소서 2장 같은 핵심 본문이 강조하는 것처럼 너무도 극명하다.

신자가 되기 전의 우리는 완전히 자기 자신만을 위해서 살았다. 우리에게 하나님은 아무것도 아니었다. 더 나쁜 것은, 우리가 무엇에 사로잡혀 사는지 거의 알아차리지 못했다는 것이다. 그런데 우리 삶이 그리스도 안에서 새로워졌기 때문에 엄청난 재설정이 이뤄졌다. 하나님이 우리에게 모든 것이 되시고, 우리 자신의 관심사는 기반을 잃는다. 하나님 때문에 살고 하나님 안에서 사는 것이 하나님을 위해 사는 것임을 우리는 점점 깨닫게 된다. 더 나아가, 현재의 삶이 모든 것이자 궁극적인 것은 아니다. 참된 그리스도인이라면 모두 무언가를 즐거운 마음으로 기대하며, 가장 좋은 것은 아직 오지 않았다고 말할 수 있다!

　이 새로운 관점은 우리의 일상생활에서 어떻게 작용하는가? 가장 주된 것은, 우리가 이제 세상일들에 마음을 빼앗기지 않기 때문에 우리 주변 사람들이 몰두하는 일에 비판적 거리를 둘 수 있다는 것이다. 그리스도 안에 있다는 것은 당대 사람들의 사고방식과 다른 견해를 갖고, 최고선으로 여겨지는 것을 회의적으로 바라보는 시선을 발전시켜 간다는 의미다. 우리는 이제 주어진다고 아무거나 꿀꺽꿀꺽 삼키지 않는다. 그건 어렵지 않은 일이다. 왜냐하면 세상이 높이 평가하는 일들이 이제 맛을 잃었기 때문이다. 그래서 우리는 여유 있게 뒤로 물러서서 경쟁 사회의 무의미한 경주를 지켜볼 수 있다.

　예를 들어 보겠다. 몇 년 전 5월의 어느 아름다운 아침에 아내와 나는 뉴욕의 록펠러(Rockefeller) 빌딩에 올라갔다. 사람들도 별로 없었고, 한눈에 내려다보이는 뉴욕시의 광활한 풍경도 장관이었다. 바로 몇 분 전만 해도 저 아래 길거리에서 유리와 콘크리트 고층 건물들에 에워싸여 중압감을 느낀 것과 얼마나 대조적이었는지 모른다. '반석'(Rock) 꼭대기에 서니 도시 전망이 완전히 달라 보이고 아름다워 보였다.

　이렇게, 그리스도 안에 있으면 우리는 세상일들과 세상이 열중하는 일들을 뛰어넘어 높이 올라가게 된다. 만유의 주님으로서 예수 그리스도는 만물 위에 계신다. 예수님에게는 삶과 죽음의 열쇠가 있고, 예수님 안에 모든 지혜와 지식이 있으며, 우리는 약속된 대로 예수님이 돌아오셔서 이 혼란한 세상을 정리하시리라는 것을 알고 있다. 새로워진 마음은 세상의 문제들을 이런 비판적인 관점에서 바라본다. 세상의 이념들에 에워싸여 그 압박감에 서서히 질식해 가던 때와는 이제 모든 것이 달라졌다. 이것이 바로 삶이다. 가식적인 태도에서 벗어나 진정한 자신이 되고, 단지 어떤 이상뿐만 아니라 이웃, 심지어 적까지도 사랑할 자유를 누리는 삶 말이다.[28] 그래서 주님이 주신 더 고상한 소명을 이루기 위해 박차를 가할 때 우리는 주님의 영광을 위해 열매가 맺힐 것을 확신할 수 있다. 이렇게 위에서 아래를 내려다보는 관점으로 삶을 보는 데는 세 가지 특징이 있다. 이런 자세들이 그리스도 안에서 열매를 맺기 위한 조건이다.

1. 지금 진전 중인 미래는 없다

1963년 6월, 존 F. 케네디 대통령은 워싱턴 D. C.의 아메리칸대학교 졸업식에서 행한 유명한 축사에서 인간의 진보에 관한 확신을 다음과 같이 단언했다.

> 우리의 문제점들은 인간이 만든 것이고, 그래서 인간이 해결할 수 있습니다. 그리고 인간은 원하는 만큼 대단한 존재일 수 있습니다. 인간의 운명과 관련된 어떤 문제도 인간을 넘어서

---

[28] 눅 6:32-36에서 예수님의 가르침은 온라인 사회 운동가들이 처방하는 그 어떤 기준보다도 높은 기준을 설정한다.

지 못합니다. 인간의 이성과 정신은 해결 불가능해 보이는 문제들을 종종 해결해 왔습니다. 따라서 우리는 다시 한번 그렇게 할 수 있다고 믿습니다.

그해 11월, 케네디는 텍사스주 댈러스에서 비극적으로 암살당했다. 케네디는 인간을 믿었지만 그 믿음은 그를 실망하게 했다. 위에서 아래를 내려다보는 성경의 관점은 이런 낙관주의를 향해 "아니!"라고 말할 것이다. 자동차에서부터 인공 지능에 이르기까지 인간의 모든 발명이 보여 주다시피, 진보는 우리의 문제를 하나도 해결해 주지 못하고 오히려 악화시키기만 한다. 인간이 발명한 그 어떤 것도 죄와 죽음이라는 피할 수 없는 운명에서 인간을 구해 주지 못한다. 전도서 기록자는 상황이 더 나아지지 않는다는 것을 경험으로 깨우쳤다. 세상이 좋아지는 것처럼 보일 수도 있고, 휴가 때 갈 곳으로 14세기 세상으로 돌아가고 싶어 하는 사람은 아무도 없을 것이다. 하지만 이 땅에서의 삶은 "헛되고 헛되니 모든 것이 헛됨"의 똑같은 반복이다. 그리스도 안에서 우리는 인간의 낙관주의라는 풍선을 터뜨린다. 그리스도께서 우리에게 더 나은 진짜 소망을 제시하시기 때문이다.

2. 자율성과 중립이라는 환상

서구인들은 200년 넘게 자율성이라는 신화와 더불어 살아왔다.

이 신화는 중립이라는 이념에 바탕을 두고 있다. 현실은 창조되지 않았고, 현실은 하나님에 관해 우리에게 말해 줄 것이 아무것도 없으며, 현실은 그냥 거기 있다는 것, 아니 어쩌면 현실 따위는 아예 없었을지도 모른다는 것이 현대인들의 의식 구조다! 그리고 우리는 무엇에도 구애받지 않고 우리가 만들고 싶은 것을 만들 수 있다고 한다. 종교는 그저 객관적인 공공 영역에서 배제되어야 할 주관적 느낌일 뿐이라고 한다. 인간은 하나님의 손으로 만든 작품으로서 하나님의 영광을 선포하는 자연에 무신경해졌고, 그에 따라 인간은 결국 자연을 지배하려고 하거나, 아니면 자연을 우리의 '어머니'로 여겨 경배하려고 한다. 이 사이비 종교는 어머니의 미래가 소멸하지 않도록 인간이 관리자가 되어 주기를 요구한다. 이는 매우 근시안적인 생각이다. 자연의 위력은 인간이 얼마나 작은 존재인지를 보여 주기 때문이다. 중립은 자율로 이어지고, 자율은 인간의 자기 과시에서 흘러나오는 우둔함으로 이어진다. 하나님의 사랑을 잊도록 교육받고, 우리의 생각이 자율과 중립 개념에 의해 아주 교묘하게 오용됨에 따라, 파괴가 우리 안에 프로그램된다.

위에서 아래를 보는 관점은 하나님을 경배하는 것이 다보스(Davos) 경제 포럼의 조작 잔치에 우리 미래를 맡기는 것보다 인류에게 더 든든한 결과를 안겨 준다는 사실을 보여 준다. 우주의 주인이신 하나님은 자신이 창조하신 세상의 의미를 이미 해석하신 분이다. 우리의 견해는 부차적일 뿐이다. 그리스도 안에서 하나님의 선함과 조화되는 시선으로 그 세상을 보지 않는다면, 우리는 그 세상이 궁극적으로 어떤 의미를 갖는지에 대해 오도(誤導)된 견해를 갖게 된다.

3. 하나님의 관점

성경의 관점에서 세상을 바라보면 삶을 보는 새로운 기본 배경이 제공된다. 우주와 그 역사에는 살아 계시고 사랑하시는 하나님을 알아볼 수 있는 표시가 있으며, 하나님을 거부한 인간의 죄의 어리석음을 보여 주는 흔적도 있다. 하나님 없는 삶에 관한 중립적 개념은 우주를 인간이 장악하는 비인격적 황무지로 만들 뿐이다. 이것이 20세기 세상의 문제점과 그 문제가 낳은 재난을 한마디로 요약한다.

반면, 성경의 계시는 창조 세계의 현실 및 인격적인 하나님에게 어울리도록 우리의 세계관과 인생관을 형성한다. 하나님을 믿는 사람들은 가시적이고 비가시적인 모든 일의 이면에 하나님과 하나님의 지적 계획이 있다고 **전제한다**. 모든 일에는 주권적이고 인격적이신 주인(landlord)의 인장이 찍혀 있다. 인생을 위에서 아래로 내려다보는 관점은 다음과 같은 근본적인 사실들을 토대로 한다.

- 하나님은 독립적이시다: 하나님은 만물이 있기 전부터, 영원히 존재하신다.[29]

---

[29] 출 3:14, 시 90:2.

- 하나님은 삼위일체이시다: 성부와 성자와 성령은 서로 사랑하시는 인격적인 존재이시다.[30]
- 하나님의 지성(知性)은 무한하다: 하나님에게는 자신의 창조 세계를 위한 계획이 있으시다.[31]
- 하나님은 자기 자신 밖에서 창조하신다: 하나님은 모든 사실에 의미를 주신다.[32]
- 창조된 현실에는 하나님의 계획이라는 맥락에서 하나님이 주시는 가치가 있다.[33]
- 하나님만이 하나님을 계시하신다: 하나님은 창조 세계에서, 그리스도 안에서, 자신의 말씀과 성령을 통해서 자기를 계시하신다.[34]

마지막으로, 진리이신 하나님 및 하나님의 계시로서의 성경에 대한 믿음에 기반을 둔 이 기본 입장은 전혀 부끄러워할 일이 아니다. 성경적 소망 말고 우리가 택할 수 있는 것은, 시간과 우연의 배웅을 받으며 모두가 떠나야 하는 아무 의미도 없는 세상이다. 그런데 불신자들은 인생에 무슨 의미가 있는 것처럼 산다. 이는 큰 모순이다.

위에서 아래를 보는 관점은 믿는 사람의 삶에 열매를 맺을 것이

---

[30] 요 3:35-36, 5:20.
[31] 요 1:1-3, 갈 4:24.
[32] 롬 11:33-36.
[33] 엡 1:21-22.
[34] 시 33편.

다. 이 관점에는 두 가지 이점이 있기 때문인데, 하나는 현재를 지배하는 환상에서 자유롭게 해 준다는 것이고, 다른 하나는 그리스도 안에 있는 자유를 향해 우리 삶을 열어 줌으로써 영원의 관점에서 그리스도 안에서 자라게 한다는 것이다.

결론

신자들은 자의식적으로 주변 세상과 대조되는 삶을 삶으로써 그리스도 안에서 열매를 맺는다. 타협이라는 중도 노선은 없다. 우리는 초기 교회와 첫 개신교도(Protestant)들처럼 비판적 반대자로 사는 법을 익혀야 한다. 그러다 보면 십중팔구 동시대 사람들이 동경하는 것이나 이들의 행실과 동떨어진 삶을 살게 되는데, 그렇게 해서 그리스도 안에서 거룩하라는 우리의 소명을 이룰 수 있다면 나쁜 일만도 아니다. 그렇지 않은가?

우리가 그리스도를 따르면서 열매를 맺고 있는지 판단하는 데 도움이 되는 네 가지 지표가 있다.

- **우리의 행동 동기**: 우리는 무엇보다도 하나님을 영화롭게 하기를 추구하고 있는가?

  성장은 그리스도의 마음에 일치되게 점진적으로 새롭게 되는

데서 온다.

- **방향**: 우리는 살아 계신 하나님과 더 깊이 있는 관계 맺기를 추구하는가?

  우리 자신을 생각하기보다는 하나님을 우리의 우선 관심사로 여겨야 한다.

- **관점**: 하나님의 말씀으로 우리의 방향을 설정하는가?

  이것이 규범이다. 즉, 우리는 하나님이 인정하시는 것을 사랑한다. 하나님의 진리와 하나님의 뜻에 반대되는 것은 거짓이다. 하나님께 대한 불순종은 우리의 영적 행복에 해를 끼친다.

- **투명한 마음**: 우리는 분별력을 발휘하는가?

  진리와 오류는 결정적으로 대조된다. '기독교적'인 것은 성경의 진리와 조화되고 주 예수님에게 더 순종하게 만든다.

열매는 이러한 조건들을 전제로 하나님의 영광을 향해 자란다.

생각하기

1. 이 지점에 이르기까지 그리스도인의 성장이 어떻게 전개되었는지 개략적으로 설명해 보라.

2. 열매를 맺는다는 것은 무슨 의미인가?

3. 참 열매는 어디에서 맺히는가?

4. 그리스도는 어떻게 해서 첫 열매이신가?

5. 우리는 어떻게 하나님을 영화롭게 하는가?

6. 열매를 맺을 때 소망은 어떤 역할을 하는가?

7. 성령의 열매는 무엇이며, 이 열매는 은사와 어떻게 다른가?

8. 무엇이 우리가 열매 맺는 것을 훼방할 수 있는가?

9. 위에서 아래를 내려다보는 세계관이란 무엇인가?

10. 그리스도에게로 더 잘 자랄 방법을 서로 이야기해 보라.

맺는 글

격려에 담긴 교훈

주제 : 그리스도 안에서의 영적 성장을 활발하게 만드는 것은 격려다. 격려란 사람들을 돌보고 함께 도전을 받아들이고 함께 짐을 지고 섬김으로써 이들의 곤궁함에 신경을 쓰는 것이다. 사도행전에 등장하는 바나바는 격려가 어떻게 그리스도를 섬기는 일에 성장하게 해 주는지를 보여 주는 본보기다.

그리스도 안에서의 성장에 이바지하는 한 가지 요소는 격려다. 데살로니가전서 5장 11절에서 바울은 "피차 권면하고(encourage) 서로 덕을 세우기를 너희가 하는 것같이 하라"라고 신자들에게 권한다. 우리는 다른 사람들의 도움과 본보기로, 하나님의 말씀으로, 기도로, 그리고 성경의 가르침으로 격려를 받을 때 은혜 안에서 자란다. 성장하기 위해서는 올바른 근원에서 얻을 수 있는 모든 격려가 다 필요하다.

낙심은 발전을 가로막으며, 영적 영역에서도 예외가 아니다. 낙심은 외부에서 공격해 들어와서 그리스도 안에서의 성장에 제동을 건다. 낙심은 비판의 말, 사고, 예기치 못하게 겪는 좌절, 혹은 우리 죄가 초래한 문제를 자각하는 데서 생겨난다. 우리는 대개 쉽게 기가 꺾여서 자기 안으로 움츠러들곤 하는데, 이렇게 되면 그리스도는 물론 그분 안에 있는 생명의 근원에서 단절된다. 다행히 낙심이라는 이런 심리적 반발이 반드시 현실 상황과 일치하지는 않는다. 낙심의 원인이나 결과는 실제보다는 상상에 더 가깝다. 우리는 자기 연민에 사로잡혀 자기 내면을 들여다봄으로써 스스로 자기의 가장 큰 적이 된다.

낙심이 계속되면 우울과 피로로 이어진다. 우리는 스스로 방관자가 됨으로써 현실과 유리되고, 그러다 결국 절망에 빠져 지친 상태가 된다. 어쩌면 주변 사람들에게 수동적 공격 행동을 할 수도 있으며, 낙심으로 모든 것을 포기하고 싶은 마음이 들기도 한다. 누가복음 5장 5절에서 제자들이 예수님에게 대답한 말에서도 그런 분위기가 조금 감지된다. "우리들이 밤이 새도록 수고하였으되 잡은 것이 없지마는 말씀에 의지하여 내가 그물을 내리리이다." 시몬은 예수님이 함께 계셔 주시는 데서 격려를 얻었고, 이에 다시 한번 그물을 던져서 예상치 못했던 결과를 얻었다.

격려는, 어떤 사람 혹은 예기치 못한 어떤 상황으로부터의 도움을 통해서 온다. 많은 도움을 받아야 격려가 될 수도 있다. 하지만 낙심의 경우와 반대로 격려는 대체로 현실에 근거하며, 상상이 아니라 객관적인 경향이 있다. 형제자매는 변함없이 우리의 최고 우군(友軍)이고, 이들의 격려는 우리를 지탱해 주고 소망을 갖게 한다. 격려는 우리에게 활력을 주고, 아드레날린을 분출하게 하며, 새로이 어떤 일에 참여하게 만든다.

낙심이 마치 나선식 미끄럼틀처럼 가속도가 붙으며 우리에게 별 유익을 주지 못한다면, 격려는 상승하는 소용돌이와 같아서 더 큰 격려를 받으며 더 높은 곳에 도달하게 한다. 분명한 것은, 교회가 격려를 주고받는 곳이어야 한다는 것이다.[1] 하지만 섬김의 일을 할 때, 혹은 교회 구성원으로서, 다른 사람을 격려하기보다는 낙심하게 하기가 훨씬 쉽다. 우리는 자신의 태도가 다른 사람을 얼마나 낙심하게 하는지, 자신의 태도가 얼마나 부정적인지 대개 알아차리지 못한다. 그 때문에 성경에서 격려의 구체적 사례를 살펴보고 격려에 필요한 것이 무엇인지 알아보는 게 유익하다.

타인의 안녕(安寧)을 살피기

사도행전 4장 36-37절에서 우리는 구브로 출신의 레위족(제사장을 조력하는 사람)인 요셉이라는 사람을 만나게 된다. 사도들은 그에게 위로의 아들이라는 뜻의 바나바라는 별명을 지어 주는데, 왜냐하면 그가 그 이름에 걸맞은 천성을 지닌 사람이었기 때문이다. 바나바는

---

1) 살전 5:11.

초기 교회의 성장에 크게 기여한 사람으로, 바나바가 없었다면 우리가 알고 있는 바울은 없었을 것이며 그리스도인들도 그리스도인이라는 이름으로 불리지 않았을 것이다. 바나바가 처음에 한 일은 사소한 일이었다. 밭을 팔아서 그 수익금을 사도들에게 바친 것인데, 이는 다음 장에 등장하는 아나니아와 삽비라의 속임수와 뚜렷이 대조된다.

자기 재산을 팔아서 바친 그 행동은 교회에서 격려가 어떻게 성장에 기여하는지를 보여 주는 모범적 삶의 첫 번째 사례였다. 바나바가 그 이름으로 불린 것은 다른 사람들의 필요에 부응하여 적극적으로 행동하는 사람으로 인정받았기 때문이다. 바나바의 격려는 사도들에게 높이 평가되었다. 타인을 위해 자기 재산을 내놓은 바나바는 자기를 희생하고서 타인을 생각하는 사람이었음이 분명하다. 그는 아까워하지 않고, 정직하게, 아무런 조건 없이, 그리고 자발적으로 자기 것을 내놓았다.

이렇게 바나바의 마음은 이타적 행동을 통해 그대로 드러났다. 바나바는 타인과 타인의 궁핍함을 생각했고 이들이 겪는 어려움에 마음이 움직였다는 점에서 위로자였다. 타인을 위로 혹은 격려하려면 감수성과 분별력이 필요하며, 정직하고 적절한 행동이 이어져야 한다.

도전에 맞서기

바나바는 사도행전 9장 26-27절의 중차대한 순간에 다시 만나게 된다. 갓 회심한 사울은 신자들에게 수수께끼 같은 외부인이었고, 바람직하지 못한 사람, 그리스도인과 유대인 모두에게 의혹의 시선을 받는 사람이었다. 저 사람은 배반자인가, 아니면 밀정인가? 바나바는 믿음을 가진 사람이고, 인간에게 불가능해 보이는 일을 하나님은 하실 수 있다고 믿을 만큼 마음이 열린 사람이다. 사울을 비호함으로써 바나바는 체면을 잃을 수도 있는 상황에 연루되었다. 바나바의 행동은 효력이 있었다. 바나바를 옆에 둠으로써 사울은 힘을 얻었고, 교회에 자기 존재를 인정받을 수 있는 길이 열렸다. 바나바는 낙심으로 이어지는 불신과 단절하고 그렇게 해서 주변 사람들의 태생적 두려움에 맞서고자 했다. 여기서 작동한 것은 예수님의 사랑이었다. 요한일서 4장 18절에서 말하는 것처럼, "온전한 사랑이 두려움을 내쫓"기 때문이다. 바나바는 도전을 받아들였고, 사울 곁에 섰으며, 주님께서 사울의 삶에 하신 일을 확신하고 사울을 변호하는 사람이 됨으로써 그를 지원했다. 하나님을 믿는 바나바의 믿음, 주님이 어떤 일을 하실 수 있는지에 대한 명쾌한 생각은, 내키지 않는 마음과 의혹을 이겨 냈다. 영적 분별력이 있었기에 바나바는 사울의 지지자가 된다는 도전을 받아들일 수 있었다. 이는 사울뿐만이 아니라 초기 교회의 성장을 위해서도 중차대한 순간이었다.

그리스도 안에서 사람들을 섬기기

격려자로서 바나바의 그다음 행보는 안디옥에서 복음을 믿는 많은 사람 때문에 예루살렘 교회의 파송을 받아 그곳으로 간 것이었다. 사도행전 11장 22-30절에서는 주후 43년 무렵 바나바의 행적을 대략 그려 보인다. 안디옥에서 바나바는 "하나님의 은혜를 보고 기뻐하여 모든 사람에게 굳건한 마음으로 주와 함께 머물러 있으라 권"했으며, "바나바는 착한 사람이요 성령과 믿음이 충만한 사람이라"고 했다. 그의 행동의 결과로 "큰 무리가 주께 더하여"졌다. 그래서 그때 바나바는 어떤 일을 했는가? 그는 소아시아의 다소(약 240킬로미터 거리의)로 사울을 찾아가 안디옥으로 다시 데려와서는 일 년 동안 함께 머물며 "큰 무리를" 제자로 만들었다. 이어서 아가보와 몇몇 선지자들이 예루살렘에서 왔을 때 안디옥 교회는 예루살렘 기근(飢饉)을 사전 경고받고 바나바와 사울 편에 구제금을 보냈다.

이 몇 개 절에서 바나바는 얼마나 놀라운 모습으로 그려지고 있는가! 바나바는 이상(理想)을 지닌 사람이었고, 선량하고 자상한 일꾼이었으며, "성령과 믿음이 충만한 사람", 즉 주님을 실제로 믿고 의지하는 사람이었다. 그런 영적 자질을 갖추고 있었기에 바나바는 사울(곧 사도 바울이 될)의 진가를, 즉 큰일을 할 귀한 사람임을 알아볼 수 있었다. 더 나아가 바나바는 바울의 자질을 알아보고 그에게 자리를 내줄 준비가 되어 있었다. 바나바는 바울을 격려했고, 그래서 바울은 우리가 알고 있는 그런 사도로 성장했다.

사람들과 짐을 함께 지기

사도행전 13, 14장은 사도 바울의 첫 번째 선교 여정을 자세히 이야기한다.[2] 이 시점까지는 바나바와 사울로 언급되지만, 이후로는 바울과 바나바로 순서가 바뀐다. 바나바는 사이클 경기에서 팀의 으뜸 선수를 위해 단거리를 전력 질주해서 속도를 올려 준 후 그 선수가 우승할 수 있도록 옆으로 빠져 주는 선수와 닮았다. 바나바는 동료 사역자와 짐을 함께 질 뿐만 아니라, 사람들을 격려하는 법을 아는 신뢰할 만한 성품을 보여 준다.

- 바나바는 바울 옆에서 사역의 어려움과 기쁨을 함께하며, 시련이 닥쳐도 굴하지 않는 다부진 사람이다. 바울은 자신의 메시지를 거부당하고 바나바에게서 위로받는다(13:50, 14:20).
- 바나바는 사역 상황이 힘들 때도 바울과 함께 견뎌 낸다(14:21-27). 두 사람은 "제자들의 마음을 굳게 하여 이 믿음에 머물러 있으라 권하고 또 우리가 하나님의 나라에 들어가려면 많은 환난을

---

2) 행 13:7, 43, 46, 50, 행 14:12, 14, 20.

겪어야 할 것이라"라고 말해 주었다.

바나바에 관해 주목할 만한 점은 훌륭한 이인자 되기의 가치를 안다는 점이다. 바나바는 모두가 일인자로 부름 받지는 않는다는 사실을 받아들인다. 바나바는 자기를 드러내지 않는 태도로 겸손히 일하는 신자들의 모범이다.

남을 격려한다는 것은 이타적 태도를 암시한다. 궁극적으로 주님의 대의가 우리의 대의보다 중요하기 때문이다. 이는 또한 아버지의 일을 하기 위해 아버지의 뜻에 복종하여 자기를 낮추신 예수님이 본보이신 모습이기도 하다.[3]

격려와 그리스도 안에서의 성장

바울과 바나바의 합동 사역에 관한 아름다운 이야기는, 사도행전 15장의 예루살렘 공의회 후 환멸과 의견 불일치로 끝을 맺는다.[4] 이 일 자체는 우리에게 무언가 중요한 것을 연상시킨다. 인간의 위로와 격려는 매우 영향력 있고 중요하기는 하지만, 때와 유용성에 제한이 있다. 진짜 '위로자'는 주님 자신이시다. 주님의 종은 도구일 뿐이고,

---

3) 빌 2:8.
4) 행 15:2, 12, 22, 25, 35-39.

이들의 격려는 늘 부차적이다. '그리스도 안에서의' 성장과 격려는 그 목표 지점에 이르는 수단이다. 바울과 바나바 사이의 의견 불일치는 교리 면에서의 견해차가 아니라 개인적인 견해차였다. 교리 면에서의 차이는 대개 해결 불가능하다. 이 차이에는 진리 문제가 관련되어 있기 때문이다. 반면, 개인적인 불화는 화해에 이를 수 있다. 고린도전서 9장 6절에서 바울은 바나바를 언급하면서 두 사람이 서로 화해하고 교제를 새로이 했음을 암시한다.

이렇게 타인은 우리를 실망하게 하며 기대를 저버릴 수 있고, 우리 또한 우리 자신의 기대에 미치지 못할 수 있다. 하지만 주님의 격려는 그런 한계를 알지 못한다. 궁극적으로 우리를 격려하는 것은 주님의 약속과 은혜다.[5] 이는 불화나 실패를 겪을 때 이를 상대적으로 다루고, 과장해서 생각하지 말 것을 우리에게 가르친다. 불화나 실패는 터널과 같다. 자기 백성을 성장시키실 때 주님은 그 터널을 통해 우리를 인도하셔서 어둠을 지나 하나님의 지혜와 섭리를 더 잘 이해하고 분별하는 단계에 이르게 하신다. 실패는 꼭 필요하다. 실패는 우리가 인간에게 의지하지 않고 하나님과 하나님의 은혜에 계속 의지하게 만든다.

---

[5] 베드로가 주님을 부인한 뒤 예수님이 그를 어떻게 회복시키셨는지를 보라. 요 21:15-19.

서로 격려하기

바나바의 모범은 타인을 격려하는 것이 그 사람의 영적 성장과 그리스도의 교회의 발전을 촉진한다는 점을 실례(實例)로 보여 준다.

남을 격려하는 태도는 성격의 문제가 아니라 영적 은사이고, 발전 능력, 도전, 나보다 남을 우선으로 여기는 일종의 섬김이다. 격려자가 되려면 사람들을 뒷받침해 주고, 이들의 말을 경청하며, 이들의 마음을 이해해 주는 일에 전심을 다할 수 있어야 한다. 이는 사람들의 짐을 져 주고 어떤 면에서는 피하고 싶은 시련과 역경에 휘말리기도 함으로써 위험이나 불편을 받아들인다는 의미다.

마지막으로, 격려는 타인을 통해서 오지만, 궁극적으로는 주 예수님과 그분의 말씀에서 흘러나온다. 히브리서 10장 24-25절에서는 이렇게 권고한다. "서로 돌아보아 사랑과 선행을 격려하며 모이기를 폐하는 어떤 사람들의 습관과 같이 하지 말고 오직 권하여 그날이 가까움을 볼수록 더욱 그리하자." 이런 말씀은 힘들 때와 시련과 심지어 박해에도 불구하고 그 어떤 일도 신자가 그리스도에게로 성장하는 것을 가로막거나 그리스도 안에 있는 하나님의 사랑에서 이들을 분리할 수 없다는 확신을 준다.

생각하기

1. 현재 어떤 일이 나를 낙심하게 하고 있는가?

2. 이 상황을 반전시키기 위해 내가 취할 수 있는 조치는 무엇인가?

3. 교회에서 다른 사람들이 어떤 식으로 나를 낙심하게 하는가?

4. 그 일에 대해서 내가 할 수 있는 일은 무엇인가?

5. 어떻게 하면 내가 다른 사람들에게 격려가 될 수 있을까?

6. 바나바의 예는 어떤 식으로 내 주변 사람들에게 힘이 되어 주도록 용기를 북돋아 주는가?

7. 나는 누구에게 도움이 되어 주어야 하는가?

8. 내가 속한 교회 공동체의 지도자들에게 힘이 되기 위해 내가 할 수 있는 일은 무엇인가?

9. 어떻게 하면 내 주변 사람들, 배우자, 자녀, 부모, 이웃에게 힘이 되어 줄 수 있을까?

10. 나는 그리스도에게서 어떻게 위로와 격려를 받는가?

부록

성경 읽기와 기도는 그리스도 안에서 성장하는 데 없어서는 안 된다. 하지만 어떻게 시작해야 할지를 늘 쉽게 알 수 있는 것은 아니다. 다음은 개인적 필요에 따라 조정해서 활용할 수 있는 몇 가지 제안들이다.

성경 읽기 – 개인적 방식

1. 첫째, 생각을 집중할 수 있도록 도와 달라고 주님께 구하라.
2. 성경을 한 장, 혹은 그 이상 읽으라. 가능하다면 소리 내어 읽고, 그런 다음 짤막한 본문을 고르라.
3. 그 본문을 공책에(혹은 스마트폰에) 기록하고 외우라.
4. 읽은 부분의 의미를 묵상하고 이를 삶의 상황에 적용하라. 예를 들어, "너희는 여호와의 선하심을 맛보아 알지어다"(시 34:8)라는

말은 내게 무슨 의미인가?

5. 그 의미를 스스로 마음에 거듭 새겨서 하나님과 하나님의 은혜에 대한 애정을 북돋우라.

6. 그 결과로 내가 무엇을(어떤 특정한 행동이나 태도의 변화) 할 것인지 판단하라.

7. 찬송을 한 곡 부르고 주님을 섬기는 일에 나 자신을 바칠 수 있기를 다시 기도하라.

기도 – 개인적 방식

1. 예수님이 마태복음 6장 9-13절에서 하신 기도의 순서를 따라, 먼저 하나님의 뜻이 이루어지기를 기도하고 그다음에 우리의 필요를 구하라.

2. 성자의 중보를 통해 아버지로서의 하나님을 찾고, 성령님의 도움을 구하라.

3. 성경에서 읽은 내용을 되풀이하여 말함으로써 하나님을 찬양하라.

4. 기도 과정에서 다음을 준수하라.
   - 하나님이 어떤 분이신지를(하나님의 속성을) 찬양하라.
   - 자신의 죄와 실패를 고백하라.
   - (그날 그 주간) 나의 궁핍함과 두려움에 도움을 베풀어 주시기를 구하라.

- 나에게 주신 것(하나님의 은혜)에 대해 하나님께 감사하라.
- 하나님을 섬기는 일에 자신을 바치라(작은 시작이 중요하다).
5. 타인들에게로 기도를 확장하라(성령의 열매의 중요성). 다음과 같이 기도 목록을 만들라.
    - 가족과 친구를 위해
    - 교회와 교회 지도자들을 위해(예를 들어, 그날그날 교회 지도자 중 한 사람을 위해 기도하라.)
    - 세상에서 교회의 사명을 위해, 박해받는 신자들을 위해
    - 나라를 위해, 선출된 지도자들을 위해[1]
6. 하나님의 영광을 높이는 시편과 찬송을 읽고 노래하라.

---

1) 예를 들어, 박해받는 그리스도인들을 위해서는 Open doors, https://media.opendoorsuk.org/document/pdf/Prayer%20Diary.pdf.를 참고하라.

사명선언문

너희가 흠이 없고 순전하여……세상에서 그들 가운데 빛들로
나타내며 생명의 말씀을 밝혀 _ 빌 2:15-16

1. 생명을 담겠습니다
만드는 책에 주님 주신 생명을 담겠습니다.
그 책으로 복음을 선포하겠습니다.

2. 말씀을 밝히겠습니다
생명의 근본은 말씀입니다.
말씀을 밝혀 성도와 교회의 성장을 돕겠습니다.

3. 빛이 되겠습니다
시대와 영혼의 어두움을 밝혀 주님 앞으로 이끄는
빛이 되는 책을 만들겠습니다.

4. 순전히 행하겠습니다
책을 만들고 전하는 일과 경영하는 일에 부끄러움이 없는
정직함으로 행하겠습니다.

5. 끝까지 전파하겠습니다
모든 사람에게, 땅 끝까지, 주님 오시는 그날까지
복음을 전하는 사명을 다하겠습니다.

서점 안내

광화문점 서울시 종로구 새문안로 69 구세군회관 1층
02)737-2288 / 02)737-4623(F)

강남점 서울시 서초구 신반포로 177 반포쇼핑타운 3동 2층
02)595-1211 / 02)595-3549(F)

구로점 서울시 동작구 시흥대로 602, 3층 302호
02)858-8744 / 02)838-0653(F)

노원점 서울시 노원구 동일로 1366 삼봉빌딩 지하 1층
02)938-7979 / 02)3391-6169(F)

일산점 경기도 고양시 일산서구 중앙로 1391 레이크타운 지하 1층
031)916-8787 / 031)916-8788(F)

의정부점 경기도 의정부시 청사로47번길 12 성산타워 3층
031)845-0600 / 031)852-6930(F)

인터넷서점 www.lifebook.co.kr